松居一代の超《スーパー》整理・収納術

Art of arrangement storage

松居一代

出発

「いらないモノは捨てなさい」と簡単に言われても、人にはわからない思い出や、歴史が刻まれているモノをそう簡単に捨てられません。どんな人だって、はじめはみんな捨てられないものです。

私だって偉そうに本まで書いていますが、厳密に数えれば、二十三年前まではモノが捨てられない人間でした。「いつか使うだろう……」、この精神が強くって処分できない自分がいました。

しかし私は人に忠告され、モノに執着していたら生きていけない状況に追い込まれ、そして事件に巻き込まれてついに気がつきました。現在私は四十八歳、二十二年間捨てる生活を実践してきた経験と自信であなたに宣言します。

幸せをつかむには、いらないモノはドンドン捨てないと運気は上がりません。ガラクタ妖怪に邪魔されては、幸せになれません。

絶対なれないんです。

人生は一回です。モノ妖怪なんかに邪魔されてたまるものですか。命がある限り私たちは努力して、夢に向かってポジティブに生きるべきです。しかしそれだけでは幸せにはなれません。

「運」が大きく左右するからです。運気を上げるためのひとつ、それは生活環境を整理整頓することです。

さぁ、いいですか。人生に偶然なんてありません。

私が全エネルギーを注ぎ込んで書いたこの本をあなたは手に取ってくださったのです。

あなたに絶対幸せになってもらいたい！

悩むことも、悲しむことも、苦しむこともいりません。とにかくガラクタを処分することです。

「私にはガラクタなんかありません」と思う人がいたら、今はガラクタに見えないだけです。きっとこの本を最後まで読んだら、ガラクタの山の中に暮らしていることに気がつくはずです。


「スリム生活が運気をあげる！」

さぁ、あなたの人生を変えましょう。出発しますよ！

スリム生活で福の神を呼びましょう！

整理できる人

★いらないモノを捨てられます ←

★止まっていた空気の流れが動きだします ←

ガラクタを捨ててすっきり
好きでないモノ
見えないないモノ
死蔵品
不要品

おそうじもラクラク
スペース有効活用
時間も節約
ムダな出費もなし

いらないモノとは……

好きでないモノ　不要品
見えないモノ　死蔵品

整理できない人

★いらないモノが捨てられない ←

★いらないモノが増え続け空気の流れがどんどん止まります ←

あ～ぁ
どかすのたいへん
やーめた！

ホコリで死ぬわけじゃないんだから

★整理したら
あなたの心も体も
軽くなります

←

★すべてのモノが
輝き出し
エネルギーを
与えます

←

幸せにゴールイン！

人生って
楽しい
体調も
すごく
いいの
すべての
ことが
前向きに
考えられるわ
コンニチハ
家の中の
どこになにが
入っているか
すべて言える
幸せが
ジャンジャン
舞い込みそう

★あなたの生きる
エネルギーが
どんどん
落ちていき
活動的でなくなります

←

★あなたの人生が
暗くなって
しまいます

←

悲しい人生にまっしぐら

なんだか
何もかも
めんどくさい
もう人生に
希望がもてない
どうでもいいわ
悪臭
ゴミ屋敷
よい
しょっと

あなたはどちらの道を選びますか？
人生わかれ道　やればできます!!

妻の意地で夫の運気をあげる

私が自分の命を引きかえにしても守りたい人は
夫の船越英一郎と息子の隆一
まして夫は家の家長
家長の運気が上がらないと家族は決して幸せにはなれません
船越はまわりの強烈な反対を押し切って
私との結婚を決意してくれました
そんな夫に私は毎日感謝しています
そして夫の運気を上げることが妻の使命であり意地です
私がお掃除をするのも、スリム収納をするのも

実はすべて彼の運気を上げるためなのです
その上に船越の努力と、たくさんの方々の応援がプラスされ
船越の仕事運は急上昇したのです
みなさんにも彼の運気の上がり具合は
ご理解いただけることでしょう
そこでこの本の中に
本邦初公開、マル秘　船越英一郎物語を織り込みました
これもすべてあなたにも幸せをつかんでもらいたい気持ちからです
あなたにも絶対できます!!
幸せをつかみましょう

Part1

はじめにストーリー【Eiichiro & Kazuyo's Story】

Part2

衣類の収納【Storage of clothes】

洗面所・おそうじ道具【Lavatory・Cleaning things】

キッチンの収納【Storage of kitchen】

生活雑貨たち【Life miscellaneous goods】

家計・家族に関するもの【Household economy and family】

松居一代のスリム生活の定義

あなたが好きなモノ、愛用しているモノは
あなたの愛が注がれているからエネルギッシュです！
あなたの人生を必ず豊かにしてくれます
あなたの好きではないモノ、無視しているモノ
忘れているモノは
あなたの愛が注がれずエネルギー不足
あなたの未来を明るくできません！

Part 1

初公開！ 内緒話であなたを変えます！

空き瓶ひとつ捨てられなかった私が、みごとに成長を遂げ
整理・収納術の本まで書けるようになりました
人間急激に生き方は変えられません　しかし私は変えなければ
生きていけない衝撃的な事件に三回も襲われたのです
そのお陰で私は、不要品を捨てることが幸せを呼び
込む生き方だと知りました
二十二年間、私は自分の身をもってその生き方を確認してきたので
この考えは絶対間違っていません
この本を手にとってくださったあなたとはご縁があります
あなたにもうんと幸せになってもらいたい　だからこそ、これから私は
その三回の事件を真実に忠実にお話ししていきます
一回目の事件は私が二十六歳のとき、ガラクタを捨てないと
運気が落ちることを教えてくれました

二回目の事件は私が三十三歳のとき、モノに執着しては幸せになれないことを学びました
そして三十八歳のとき、命さえあればモノなんかいらないことを悟りました
これらの事件に私が巻き込まれなければ、私は快適なスリム生活のすばらしさを知らずに、そして幸せな再婚もできなかったことでしょう
だからあなたにも知ってもらいたい！　実践してもらいたい！
運気を上げることは不要品、死蔵品、見えないモノ、好きではないモノを捨てることからはじまります
では、松居一代の事件簿
はじまり、はじまり

松居一代の事件簿 その①

「お代官様お許しを！」

私が二十六歳のとき住んでいたのは倉庫街と呼ばれる芝浦。まだまだおしゃれなカフェやクラブはない殺風景な街でした。しかし東京湾から海の香りが届く私の家は、ちょっぴり自慢の部屋でした。

ある日のことです。私の人生に衝撃を与えた客人がやってきたのです。客人は部屋をぐるりと見渡すやいなや、「ねえ、あなたどうしてこんなにモノをもっているの？　もっとすっきり生活したらいいのに……」と喋りだしたのです。唐突に自分のライフ・スタイルをぶった切られた私は「人の家になにケチつけてんのよ！アンタに迷惑をかけてるの！」と完全にチンピラ・モードで大反撃。ところが敵は恐れず、ひょうひょうと続けたのです。「世の中でいちばん高いものは、土地代と家賃よ。ガラクタを棲まわせておくなんて、もったいない！」「ちょっと待った！　この部屋のどこにガラクタがあるのよ！　何がガラクタなのか言ってみなさいよ！　バカヤロ！」。まさに私の怒りは天に届く勢い、爆発しようとした瞬間、恐れを知らない敵はペラペラ続きを吐きだしたのです。「このままモノに潰されていると運気が下がるわよ……」と。「今なんて言った？　たしか運気って言ったわよね」私の怒りはストップモーション。なにを隠そう、私がこの世でいちばん敏感に反応する言葉、それは「運気」。

とにかく私は「運気」という言葉に弱いんですよ。それは私の育った家庭環境にあります。実は父は競艇選手、四十年間勝負師として生きてきました。そのため私たち家族は一にも運気、二にも運気、生活の中心は運気を上げること。運の弱そうな人には近づかない、喋らない、家には入れない！　カンコ鳥が鳴いている店には行かない……とにかく生活のすべてが運気だったのです。

その私が「運気が下がる……」といわれては生きていけない。チンピラ・モードはぶっ飛び、お代官様お許しくださいモードに変身してしまったのです。

客人をサッサと帰すと、運気の神様許してくださいとばかりに、すべての引き出し、扉、棚をガンガン開けて、運気を下げている無礼モノ退治に乗り出しました。出てきた出てきた悪党が。何かに使おうと思ってとっておいた空き瓶はゴロゴロ、端っこが割れた皿、銀行でもらった半端モノの食器、タダだからと多めにも

らったケーキ屋のフォークやスプーン、シミがとれないTシャツ、のびた毛糸のパンツ、溜まり続けた年賀状、別れた恋人の手紙、破れたパンティストッキングまでも私は捨てられなかったのです。これじゃあいけない！　人生勝ち組になるためには、絶対運気を下げてはいけない！　そのためにはガラクタを処分すべし。私の人生に新たなページが刻まれた瞬間でした。

恐れを知らない客人よ、私への最高の忠告をありがとう！

松居一代の事件簿　その②

「家具は知っている」

ご存じでしょうが、私の一回目の結婚はみごとに失敗。赤い糸だと思ったのは大きな間違い黒い糸でした。別居当時の私は三十三歳。今のように大地に根をどっぷりおろした生き方はまだまだできない小娘。息子は一歳、生後二十日から重度のアトピー性皮膚炎で苦しんでいました。それだけに先の生活を考えると、私の心は不安と恐怖で満タン。しかしそれでも離婚の道を選んだのは、自分の人生を大切にしたかったからです。

まず夫の荷物が家から運び出され、そのあと私と息子が出ていきました。引っ越し先にかける期待度は二〇〇パーセント。人生再出発の場所です。方位、引っ越し日、インテリア……わらにもすがる思いで幸せを求めました。

昔から引っ越し貧乏というように、引っ越しには出費がかさむものです。まして私の離婚には相手の借金が絡んでいたので、千円でも浪費は抑えたいところ。しかし暗い結婚生活の影がチラつくモノには抵抗がありました。

というのも昔あるテレビ番組で見てしまったんです。部屋から悪臭が漂うので、原因を追及していったところ、なんとニオイのもとは家具だったということを。長年タバコ、油、生活臭を吸い続けていた家具は驚くべき悪臭を発していたのです。

夫と使ったソファやテーブル、食器棚、下駄箱、ベッド、すべての家具は嫌な過去を知っているんです。夫のニオイも溜め込んでいるのです。「キャー、嫌だ嫌だ！」の世界でしょう。

そりゃ、今ある家具や食器、タオル、テーブルクロス、すべてのものを運べば、確かに出費は抑えられます。でも幸せに向かって這い上がりたい私にとっては、暗い面影を残しているモノは大凶。

すべてを断ち切るために決意した苦しい離婚ですから、ここは腹をくくるべきです！　しかしまだ小娘の弱っちい私ですから、決めても心は揺らぎます。そこで自分の心を固めるために、自分自身を追い込みました。それは部屋のインテリア。夫と住んでいた部屋は超モダンテイスト、それを百八十度方向転換して引っ越し先をクラシックテイストにしたのです。そうなると家具どころかシーツ一枚だって雰囲気が違いすぎて使えません。苦肉の策でしたが、これが大正解。

新居は安物でも新品に囲まれてまさにパラダイス。母子家庭でしたが、そこには人生の流れを変えられそうな光が見えました。

捨ててきた超高級品を思い出したり、惜しい気持ちはゼロ。

男性と別れるときすべてのモノを持っていく女性もいますが、家具はすべてを知っています。ニオイまでも残しているんですよ。

嫌な思い出のモノたちと別れたからこそ、私はその十一年後、真実の赤い糸と結ばれたのです。

失敗よ、ありがとう！

一回目の結婚
失敗 黒い糸だった…
確かに臭う家具は何でも知っている
よーし!!
何もいらない！
行くよ！

泣く日もあれば笑う日もある
山
谷
人生山あり谷あり

松居一代の事件簿 その③
「死ぬときはみんな裸」

私の意思とは全く関係なく、私の前から一瞬にして、宝物四百三十一点が消えちゃいました。

事件が勃発したのは、一九九七年七月二十日。当時私は三十八歳、息子と二人で港区のマンションに住んでいました。

事件簿その②でお話ししたように、その家は私と息子のまさに幸せの道しるべ。ところが、三畳半の衣裳部屋が大騒ぎになったのです。衣裳、装飾品、小物、靴、鞄、化粧品、着物。まさに私のすべてがぎっしりと詰まっている部屋。

皆さん驚かないでくださいよ。何が起こったかというと、衣裳部屋の天井のコンクリートがドサッと落ちてきたのです。何の前触れもなしに。水漏れは聞いたことがあっても、天井のコンクリートが落ちてくるなんて聞いたことがないでしょう？　私も腰が抜けるくらい驚きました。原因は欠陥工事。

部屋は汚水とコンクリートに押しつぶされて、一週間前に買ったエルメスのバーキンは鞄の半分以上が汚水に浸かり、シャネルのバッグは重みでへし曲がり、スカーフは汚水に色彩を奪われ、洋服はびしょ濡れ、メガネはフレームが折れ……etc.　見れば見るほど気が変になりそうな現場でした。私は子供のころからモノをやたら大切にする性格でしたが、すべてがグチャグチャ。なかにはお金で買えないモノもありました。私の若かりしころのポスターやカレンダー類。実に被害総数は四百三十一点、まさに大惨事の事件簿。

「責任はだれがとってくれるのよ！」と叫びたいものの、目の前に広がる無残な光景に、私は声すら絞り出すことはできませんでした。これを捨てようか……とっておこうかという選択は許されずに、私の目の前から宝物が一瞬で消えたのですから。

被害にあった翌日、午前中は大阪、午後は福岡で講演の仕事が入っていました。明日はどうしたらいいのよ……服のこと、鞄のこと、靴のことを考えると目から悲しい涙。しかしすべてを失くした私でしたが、翌日裸ではありませんでした。パンツもはいて、ブラジャーもつけて、服も着て、靴も履いて、バッグも持って、新幹線に乗って弁当まで食べていました。人間ってすごいじゃないの！と自分でびっくり。「なぁんだ、失くしたってビビることないんだ！」と新たな生き方を発見。

マンションを建てたゼネコンとの闘いは六百日、保険会社とは一年、私の全エネルギーをかけてアッパー・パンチの連続。その結果私の完全勝利で事件の幕は閉じました。

多額の保険金と慰謝料を私は手にしましたが、財布の紐は固く締めていました。人生再出発。今度は本当に欲しいモノだけを買うことを決心したからです。

この事件は神様が私に「モノなんてなくても命さえあれば生きていける。人間死ぬときはみんな裸じゃ」と教えてくれた事件でした。ゼネコンさん、悪夢のような体験をありがとう！

3つの教訓

ガラクタを捨てないと
運気が落ちます

モノに執着してはいけません

命さえあれば生きていける！
死ぬときはみんな裸！

さぁ皆さんも
はりきって
整理収納！

Kazuyo's Story

3回の事件が人生を変えた

運を上げるわよ!
エイ!
ポイ
ポイ
不要
不要

これじゃ運気が下がるわよ
きゃ～やめて！その言葉に弱い・・・
が～ン!!

1回目の事件

私のライフスタイル
ぶった切られた!!

26歳

芸能人になるぞ！

芸能界目指して単身上京

19歳

命さえあれば
生きていける

天井が落ちてきた！
被害総数431点！

家具はすべてを
知っている
ダメダメ！
1回目の結婚
そして離婚

3回目の事件

欠陥工事の被害者だ！

38歳

2回目の事件

母子家庭生活の始まり

33歳

私の最愛なる夫　船越英一郎
世間は彼をサスペンスの帝王と呼びます
ところが彼にはもうひとつの別の顔があります
それは日本広しといえども妻の私しか知らない顔です
この本を手に取ってくださったあなたとはご縁があります
あなたに言っちゃいます！　彼の別名、それは「モノ捨て名人」
今や船越の所有物は超スリム
本当に必要なモノ、好きなモノだけに囲まれて生きています
ところがそんな彼もたった五年前まではモノを捨てられない性格で
ガラクタに宿った妖怪に囲まれて暮らしていました
五年前に妻となった私は、女の意地で妖怪を退治することに
専念したのです

私は船越が抱えていた不要品を捨てて運気を上げることを
夫に徹底的に伝授していきました　ときには厳しく、あるときは強制的に
そしてついに船越は段階を経て、スリム生活が幸せを導くことを知り
その生き方を手中に収めたのです　その結果運気は急上昇
もちろん人に言えない血の滲むような努力と
みなさんの声援があってのことですが
身辺を整理整頓したことで
福の神を呼び寄せたのは間違いありません!!
そこで本邦初公開、絶対に内緒だった
船越英一郎マル秘ストーリーを
初公開します
船越英一郎物語
はじまり、はじまり

船越英一郎♥松居一代の Eiichiro wedding & story Kazuyo 出会いから結婚まで

キョロキョロ

探すわよ!!
ずいぶん身勝手な条件ね
いるワケないじゃない
クスクス

再婚の4つの条件
家族全員の名前に「一」がつくこと！
「一代」「隆一」「○一」
女もここまで来たら男は年下よ！
強烈な焼きもちやきの私 結婚歴があるなんて許せない
あったかい家庭で育った人がいいワ 私たちをきっと大事にしてくれる
ガヤガヤ
ワイワイ
よし！

きっと見つけるから待っててね
お父さんがほしいよ〜
夢見る夢子の私
お父さんほしい病の隆一

母子家庭

私　33歳
息子　1歳

結婚

船越　41歳
私　　44歳
息子　12歳

ハート
撃たれた～!!

逃がして
なるものか！

ん？
いたー！

4つの条件に
ピッタンコ！

名前は
船越英「一」郎
私より3歳年下
家庭環境OK！
そして…初婚!!

出会い

船越　35歳
私　　38歳
息子　 6歳

船越英一郎の変化 その①
「王子様の家はガラクタ屋敷」

運命の人、船越英一郎と出会って三カ月後、巧みな努力が実り私はついに独身貴族の彼のお城に足を踏み入れることに成功したのです。もちろん心臓はバックンバックン。男性ですからスタイリッシュな香りが漂う部屋に住んでいるのだろう。ソファはコルビュジェ……それともカッシーナ……、夢見る夢子の私は勝手に想像してワクワクしていました。

しかしです。「ここが僕の住んでいる部屋です」と言われてドアが開いた瞬間、私のすべての期待はバブルとなりました。それでは収まらず、ガーンと絶望の鐘が鳴り響いたのです。

部屋からは生活のニオイが漂いすぎていました。玄関には埃をかぶった靴が何足も何足も出っぱなし、カーペットは日に焼けて色あせ、ソファは私の趣味とはほど遠い実用性のみを求めたもの、リビングには年季の入った飾り棚。中にはフィギュアを集めていたのか、私にはまったく興味のない小さな人形がゴロゴロ。寝室は和室にカーペット。洋服ダンスの代わりは襖の向こうの押し入れ。どうでもいい洋服が多すぎてギュウギュウ詰め。ベッドはロマンチックにはほど遠いシロモノ。その脇に置いてあるレトロなスタンドライト、彼の話によると、大学生からの愛用品だとか。ロケ先の旅館からもらってきたのか、歯ブラシやタオルは山積み、彼が出演したドラマを収録しているのか、ビデオには手書きのラベルが無造作にペッタンコ。ふぅ……。

とにかく私の王子様はガラクタに押しつぶされて、夢からほど遠い生活をしていたのです。

彼と運命的な出会いをするまでの私はドラマや俳優さんにはまったく興味がありませんでした。しかし、出会った瞬間、「未来の夫だ！」と決めたからにはさぁ大変。彼の仕事ぶりをくまなくチェック、チェック。その結果Ｄ級女優の私ですが、彼の達者な演技力に鳥肌が立ったのを今でも覚えています。

しかし今、彼の部屋をまざまざと見せつけられて、これはいけません！　この生活は彼の運気に大きく悪影響を与えています。この生活環境では仕事運を上昇させることは絶対無理。彼の場合すばらしい技をもっているのですから、運さえ上昇すれば、「鬼に金棒」なのに……。

そのためには、ガラクタと別離できるかどうかに、人生がかかって

EIICHIRO's Story
Change 1

いると私は判断しました。彼にそれができたならば、未来は大吉。彼の人生は薔薇色、ピンクピンクの世界が広がるだろうとワクワクしてきました。

ならば絶対、このガラクタを彼に捨てさすぞ！

メラメラ燃えたぎる私でした。

船越英一郎の変化　その②

「妻の仁王立ち」

船越とつきあって五年が過ぎ、とうとう私は妻の座を勝ち取りました。なかなか光の見えない五年でしたが、念じれば叶うもの、二〇〇一年六月五日婚姻届提出。

息子は小学校六年生、学校問題があるので、船越が私のマンションに通っていました。そして一年後、息子の卒業と同時に新居が完成しました。

「家を建てる」。これは私の二十五年来の夢でした。芸能界を目指して上京してきたのが十九歳。ボロボロの六畳一間に住んでいた私の夢は、芸能人になって東京で家を建てることだったのです。夢が叶いました。新居の釘一本、壁紙一枚は私の汗の結晶でした。土地、方位、間取り、すべての点において幸せをつかむことに焦点を合わせて建てた、まさに新居は開運パラダイス。最高の運気のところに引っ越し荷物を運び入れるわけです。当然のことながら運気が低下するモノは絶対ダメ。すべての心配のタネは船越の荷物。出会って五年、私は彼のガラクタを仇のように見

つめ続けてきました。「大切な新居にガラクタを入れてたまるか！」の精神でした。そこでまず私は「荷物を半分にしてから引っ越してほしい」と船越に頼み込んだのです。しかし彼は「特に洋服は捨てられない。俳優として、いろんなテイストの洋服を持つことは仕事の一部だ」と抗議してきたのです。しかし私は知っていました。どうみても着ることがないワイシャツ、縮んでしまって首が入らないセーター、ウエストが窮屈になったパンツ、どこから見ても堅気に見えない背広、当然私はピシャリと彼の抵抗を断ち切り、無視！　無視！

捨てることが幸をもたらす論理は、当時の船越には理解できなかったと思います。しかし一言発したら機関銃のように言い返す妻、すぐさまファイティング・ポーズをとる妻を相手に、ひたすら穏やかな生活を念じる夫は、しぶしぶモノを処分しはじめたのです。漏れてくるのは「ああ……ああ……」ため息の連続。その反対に私は体から垢がはがされるような、さっぱりした気分でした。捨てて、あげて、あげてを繰り返し、とうとう洋服は三分の二になりました。家具と電化製品はすべて処分。ところが大学生から使っている例のスタンドライトには未練があったようで、私がちょっと横を見ているすきに、息子に「これ便利だから使うか……」と尋ねているのです。お父さん大好きっ子の息子は「ほ

しい！」と返事をしているのです。慌てた私はそれから二日後、二人がお風呂に入っているすきを狙って、車のトランクに隠し持ったゴミ袋にスタンドライトを沈めました。しかしまだまだモノはいっぱい。集めた本は捨てられない、二十年間収集した映画雑誌も処分できない……。とうとう二トントラック一台分の私の嫌いなモノが新居に運び入れられたのです。でも第一段階はまずまずだったと思っています。

勝負はこれからです。ガンバレ、カズヨ！

船越英一郎の変化 その③「ついに変わった夫のライフスタイル」

船越のスケジュールは超ハード。朝は夜明けとともに夜は深夜まで一年中ドラマの撮影に明け暮れる毎日。そのお陰で私には時間がたっぷり。誰にも邪魔されずに新居に運び込まれた船越のガラクタを好きなようにクッキング。

洋服は引っ越しの際当初の三分の二に減っていましたが、まだまだガラクタの山。私は彼が大スキ。彼は私好みですが、理想はもっともっと……。

つまり私の嫌いな洋服は新品だろうがヨレヨレであろうが不要品。もし自分のモノを処分するのだったら、立ち止まったり、一度ゴミ袋に入れたモノを取り出してみたり、整理には時間がかかるものです。

ところが、夫のモノとなるとバッサバッサ気持ちいいほど潔く捨てられました。この快感を一度味わってしまうと、それはもう中毒。やめられない止まらないの世界に突入してしまった私は、ありとあらゆるモノを片っ端から捨てていったのです。

あるときのゴミ袋の量の多さは世田谷区、いや東京都で一、二番だったかもしれません。

マグロ船に乗っているわけじゃない船越は、頻繁に家に帰ってきます。どこを開けても極端に少なくなっていく自分のモノに気づかないはずがありません。

「ねぇ、どこにいったの……」

「もう夢の島」

「ひどいよ！　僕に無断で、なんで勝手にやるんだよ」と、さすがの仏の船越もオカンムリ。しかし誰にも私は止められない。くる日もくる日も私は処分し続けたのです。

「いいかげんにしてくれよ。着る服がないじゃないか！」。船越の怒りにもエンジンがかかってきました。すると妻は早口でまくしたてて機関銃攻撃。

「人生は振り返ってちゃダメなの！　これもあなたを幸せにするために、私は心を鬼にして捨ててるの！　そんなに捨てるのが嫌だったら、私が全部責任取るわよ！　札束渡すから、新品の洋服をズラッと買ってらっしゃい！」と啖呵を切ったのです。

結婚するまで船越の金銭感覚はゼロ。悲しいことにすべて浪費していました。ところが、結婚後はお金の神様がついている私が、

EIICHIRO's Story
Change 3

すべてを管理。気の毒に船越は自分の貯金通帳もキャッシュカードも触らせてもらえません。いつも財布のなかには三万円ぽっきり。その彼が妻から「札束」という言葉を突きつけられたのです。怒りはどこかに飛んでいき、瞳は福沢諭吉。

さっそく「どんな服がいいかなぁ」とファッション誌を眺めだした船越。そして数週間後、彼は妻の好きそうな洋服を思いっきり買ってきたのです。

新品がずらりと並んだ洋服ダンスは、まるで妖精が舞い降りてきたようでした。船越はとても敏感な人なので、運気が変わったことをしっかり察知。

それからというもの彼の目覚めはすばらしいのひと言。二十年間集め続けていた映画雑誌もみずからの手で資源ゴミのトラックに。旅館では女将さんから歯ブラシをもらっても拒否。

ガラクタを捨てた快適生活。本当に必要なモノと好きなモノに囲まれて生活する心地よさをゲットした船越。一度知ってしまうと、「この生活だ！」と大満足。理解まで少し時間がかかった彼でしたが、それからは私がびっくりするくらいの速さでモノ捨て名人にまで駆け上がりました。「捨てたから、またいいことがあるぞ！」これもあれも……、その甲斐あって運気は急上昇、いまなお留まるところを知らず天に向かって駆け上がっています。
このようにガラクタを捨てたことで夫のライフスタイルはみごとに変わったのです。

Eiichiro's Story

モノ捨て名人までの道のり

あなたのためにやってるんでしょ！
なんでこんなに捨てるの？いいかげんにしろ！
チーン！
捨てなさい！
捨てられないよ思い出があるんだ
モノを捨てて！
松居一代と結婚！！
花の独身貴族

モノ捨て名人

いまやサスペンスの帝王
いやいやモノ捨て名人

捨てるってこんなに
幸せなんだ
ポイッ
この
ビデオも
いらない
ポイッ
幸せごー行様
よかったねー
ようやく
わかった！
この生活だ！！

松居流 スリム収納とは……

捨てる！

なにを……

好きでないモノ　不要品
見えないモノ　死蔵品

↓

モノは少なくなりました

お店屋さん
みたいに見える
きれいな
ディスプレイ術

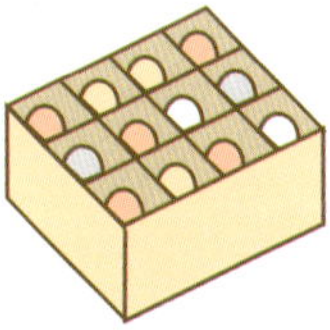

パッと見て
すべてが
見わたせる
収納術

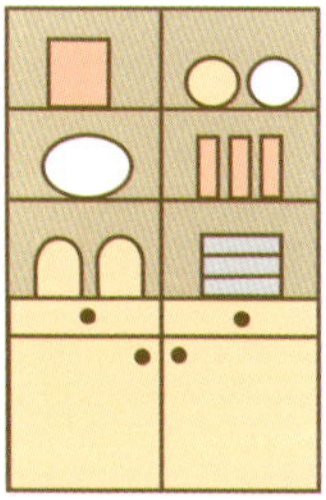

取り出しやすい
整理術

家の中のどこに何が入っているかすべて言えます

Part 2

シンプル自宅初公開！

Storage of clothes

衣類の収納

着ない洋服を洋服ダンスに眠らせてはいませんか？　出番のないモノに変な期待をかけていることは、タンスの場所をとっているだけだということに気がついてください。

さぁ、あなたの洋服ダンスをじっくり見つめましょう。正直に答えてくださいよ。あなたが現在愛用している服はどれくらいありますか？　全体の四分の一ぐらいではないでしょうか。あとは痩せたら着よう、流行が巡ってきたら着よう、値段が高かったから捨てられない、思い出があるからしまっておこう。ずっとこんな理由で何年も袖を通さない服を後生大事にしまっているのではないかしら……。そのために本当に大切な服がギュウギュウに押しつぶされて、いざ着ようと思ったら、シワになってはいませんか？　これでは愛を注いでいる服がかわいそうです。愛がある服はきっとあなたを魅力的に見せてくれるはずです。その洋服を着たあなたはとっても堂々と振る舞えることでしょう。

ちょっと流行遅れかしら、きつくって変だわ。昔この色は好きだったのに……。もう愛が注げない服はいいじゃないですか。ご苦労さまと別れを告げることがあなたにとっては必要です。この決断こそがあなたを幸せにしてくれます。

そしてもう一つ、モノを買うときは冷静に！　これも忘れないでください。バーゲンはくせもの。会場の熱気にあおられて、変な闘争心を燃やしてしまったために無駄な洋服を買った経験はありませんか？

定価でもいいじゃないですか。本当に欲しくって欲しくってたまらない服だけを買うことが、最終的には損をしないことだと私は確信しています。

さぁ、タンスを開いてあなたが今好きな服だけを選んでみましょう。いちばん高いモノは土地代と家賃であることもお忘れなく！

収納家具

オーダーメイドの家具は目の玉が飛び出るくらい高額ですが、通販家具はリーズナブル。船越のシャツ類を収納する家具も通販カタログを片っ端から開いて探していきました。その結果最高の家具を見つけました。注文するにあたってはくどいくらい質問します。オペレーターさんは限られた内容しか答えられませんが、工場にドンドン問い合わせをしてくれますよ。聞くことを恥と思わないことが通販成功法です。

通販カタログは目を皿にして！

通販のカタログが送られてくると、フセンを片手にページをめくり、気になるモノをチェックしていきます。次に読むときは本当に欲しいモノかどうかを確認しながらフセンを外していきます。最後の最後までフセンが残ったモノはサイズをメジャーでチェック、電話でチェック。

気になるものは
極小メジャーでサイズチェック!!

いつも私のバッグの中にはメジャーが潜んでいます。店員さんに測ってもらうより自分で測るほうが気兼ねがなく、時間も短縮！　いちばんのお気に入りは4cm四方の極小メジャー。

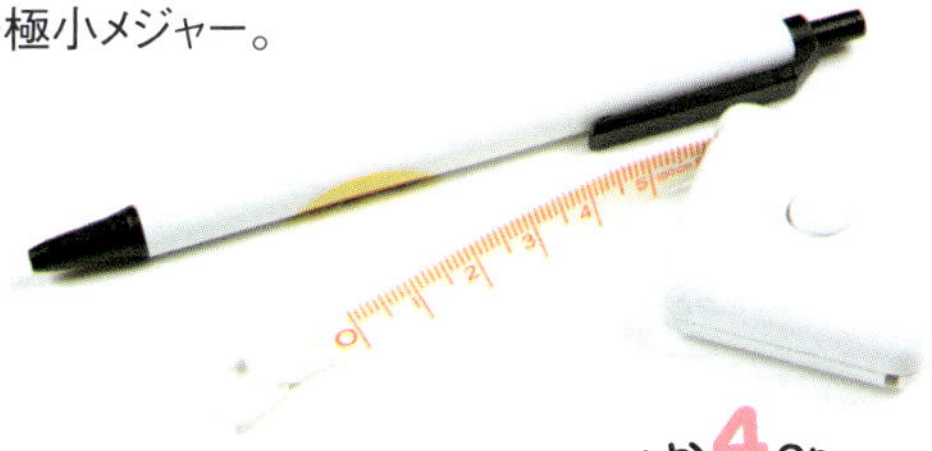

わずか4cm四方

クローゼット

ハンガー使用前

ハンガー使用後

クローゼットはハンガーで決まるといってもいいでしょう。しかしハンガーは値段の高いもの。重厚すぎて場所を取りすぎるのも困ります。「いいハンガーはどこに？」。そんなとき、私が出演するテレビショッピングで出会ったハンガーに私の心は奪われてしまいました。実際わが家のクローゼットで試してみたところ驚いてしまいました。たかがハンガー、されどハンガーですよ。

使用前、使用後の写真、ご覧になってください。

ハンガー使用前

ハンガー使用後

こだわりのハンガーでスペースは楽々！

ドイツ生まれの省スペース・ハンガー。スリムでそのうえ洋服がすべり落ちません。人体に近いカーブで型崩れもありませんよ。

マワ社の人体ハンガーはインターネット通販などでも購入できますよ。

ずり落ちないの

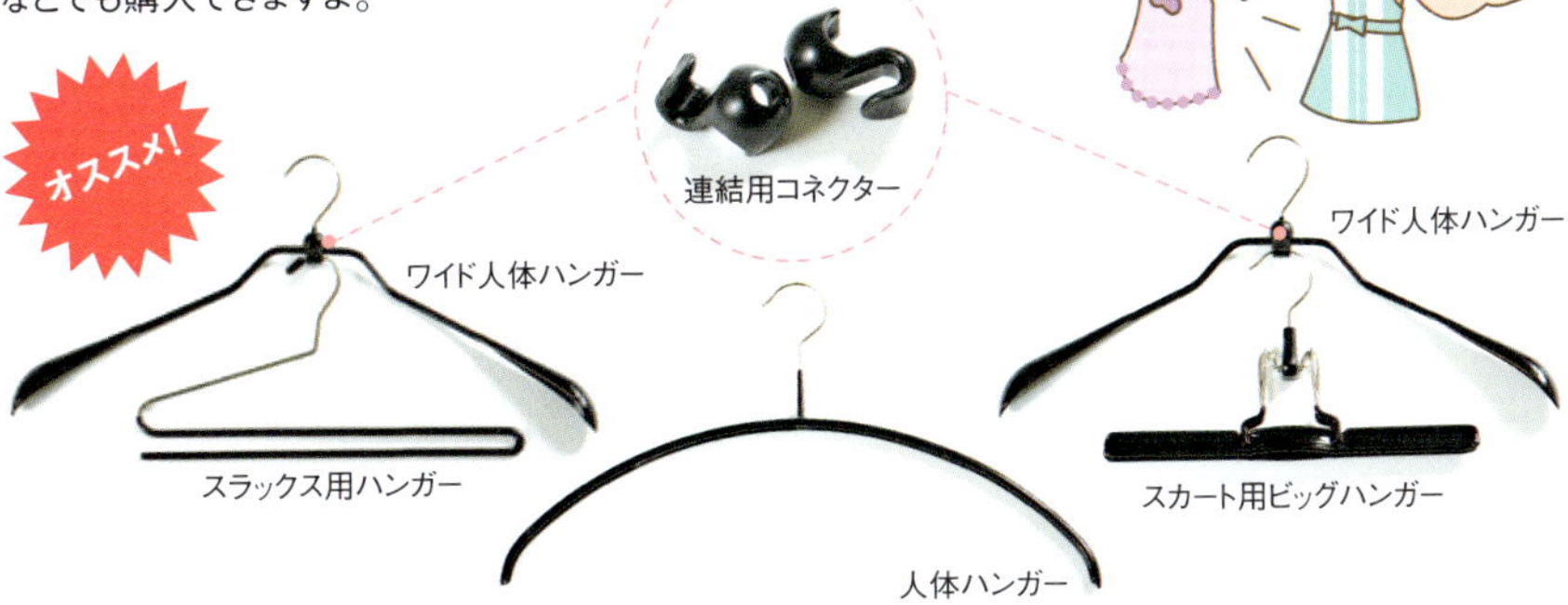
オススメ！
連結用コネクター
ワイド人体ハンガー
スラックス用ハンガー
人体ハンガー
ワイド人体ハンガー
スカート用ビッグハンガー

バッグ

形のしっかりしたバッグはいいですが、立てられないバッグの収納に頭を痛めていたところ……思いついたのが「ブック・スタンド」。もちろんヒャッキン（百円ショップ）ですよ。まあ、これが便利なこと！それまで重ねて収納して、取り出しにくかったのが、スペースまで有効活用。見た目もすっきりで最高にお気に入りです。小さなバッグはラックを重ね利用。こちらもGOODですよ。

ベルト

仕切り板は、わが家の必需品!

仕切り板を知らなかったころは、文具店で厚紙を買ってきて切っていたものですが、たった100円で、こんな便利なモノと巡り合ってからというもの、大袈裟ですが人生が変わった感じです。わが家ではいたるところで愛用しています。便利すぎてやめられませんよ。仕切り板はやわらかいものと硬いものがあります。高さのサイズも何種類もあるので、あなたも楽しんでください。

ヒャッキンのダイソーで売っています。

ベルト収納はクローゼットの扉にフックを取り付けて収納する方法もありますが、私はもっぱらベルトを丸めて収納しています。そこで活躍するのがヒャッキンの仕切り板。硬い仕切り板が重宝します。丸めたベルトは意外にほどけないものですよ。

アクセサリー

ちょっと自慢の自分で作ったアクセサリー収納です。アクセサリーはパッと全部が見えて、探しやすく、そして取り出しやすいことが大切です。そこで私は引き出しの中にヒャッキンのケースを入れて、それを仕切り板を使って細かく分けています。引き出しの中だと大事なアクセサリーをホコリからも守れるので安心です。

この透明ケースについては、もう二十三年間愛用しています。ここにはパーティ用などの特別な日に使う大ぶりなモノを収納しています。
アクセサリー類は色がきれいなので、自分が楽しめる収納方法を考えると、アクセサリーもいっそう大切にできますよ。

靴

玄関は家のなかでいちばん大切な場所だということをお忘れなく！　幸せが舞い込んでくるか、それとも逃がしてしまうかあなた自身にかかっていますからね。幸せをつかむには、まず靴の出しっぱなしはいけません。履かない靴は下駄箱にサッサとかたづけること。そのときホコリや土を払ってから入れることをお忘れなく。くたびれすぎた靴や、履かない靴は運を下げてしまいますよ。私は幸せゲットのために、二年以上履かない靴は覚悟を決めて処分しています。

オススメ!

着崩れる間もなく、草履が探せます!

21年間愛用しているアクリルケース。草履を探しているとせっかく着た着物が着崩れてくるので、アクリルケースに草履を入れておくと便利ですよ。たまにしか履かない草履なので、下駄箱の上段に入れておきます。

オススメ!

安心なうえに効果も抜群。天然の脱臭剤

わが家では下駄箱の消臭、吸湿に炭を愛用しています。炭には小さな穴が無数にあり、内部の表面積がとても広くなっています。そのため空気がこの穴を通過するときに広い面積で湿気やニオイを吸着するのです。効果がなくなってきたら、水洗いをして天日で干して再利用OK!

玄関は家の中の
要です
きれいにして
おかないと
幸せはつかめ
ませんよ!

下着・靴下の収納

引き出しの中にヒャッキンの仕切り板を使って下着を収納しています。ブラジャーはたたんで小さくして収納する人もいますが、貧乳の私はブラジャーのカップが命なので形を崩さないように収納。下着の使用期限は、わが家では一年。古い下着は運を下げるので要注意。捨てる下着は、主人も私も旅先で処分するようにしています。洗濯する手間も省けて楽チン。旅行バッグの空いたスペースにおみやげを詰めて帰るのがわが家流。

♥ パンツ・靴下・Tシャツのたたみ方

すっきり面を上に、方向をそろえて

下着や靴下をお店のディスプレイのようにきれいに収納する最大のポイントは、どの部分を上にして引き出しに入れるのかです。折りたたんですっきりした山の部分を上に、入れる方向もそろえておけば、取り出しやすく、見た目もとってもきれい。引き出しを開けるたびにうっとりします。

パンツのたたみ方

靴下のたたみ方

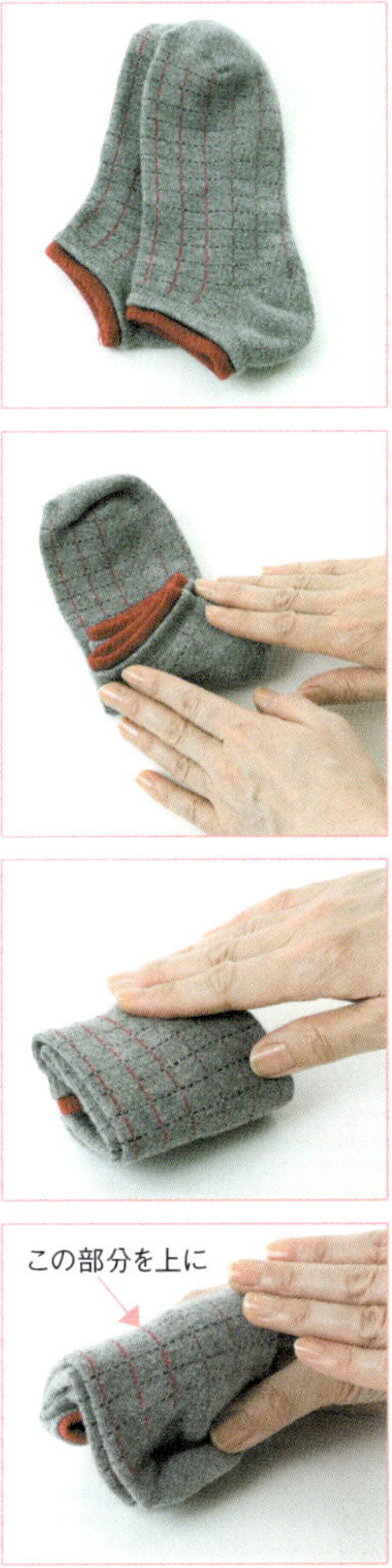

Tシャツのたたみ方

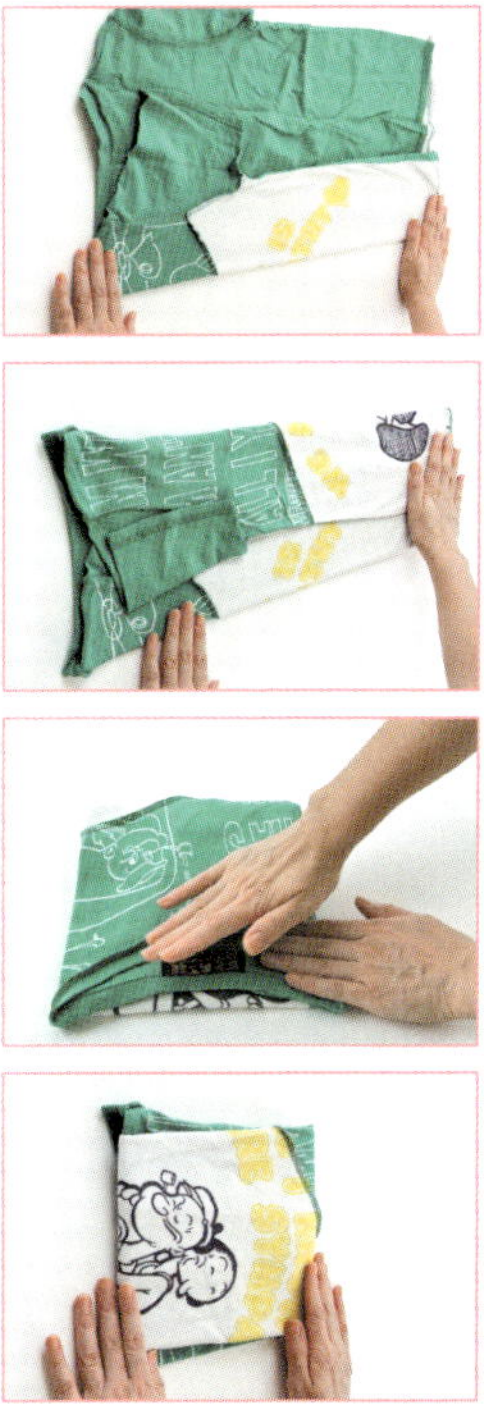

きれいな収納は、洗濯物を干すときから始まっています！

自分をラクにしましょうよ

あとでちゃんとたためばいいやと思って、いい加減に干してはダメですよ。そんな干し方では洗濯物の重みで変なシワがついてしまいます。まず干すときはタテ・ヨコのシワをよく伸ばすことが大切です。デリケートな素材の物はひっぱらないで叩きましょう。衣類の肩の縫い目をハンガーにきっちりと合わせましょう。乾いたときにピシッとなるので、たたむときに美しく仕上がります。時間の節約にもなりますよ。

私が3年間愛用しているランドリーリング

オススメ!

まさに洗濯の革命です。リングをポンと洗濯機に入れるだけで、洗剤なしでお洗濯できますよ。仕上がりもフワフワです。

「ランドリー・リング」
問:株式会社ガイアワークス
☎0120-75-0801

ここを
そろえるのよ

着物・和装品

たとう紙に包んである着物を、あれこれ探すのは大変。着物の特徴を書いたラベルを引き出しのところに貼っておけば探す手間が省けて楽ですよ。帯締めと帯揚げは仕切り板を使って収納しています。着物を着ている途中でも着崩れすることなく探せて便利です。着物もタンスに仕舞い込んだままではかわいそう。私は春と秋、湿気の少ないカラッとした日を選んで陰干しをしています。

Lavatory・Cleaning things

洗面所・おそうじ道具

あなたは出かけるときに、荷物の多い人ですか?

先日旅番組のロケに女性タレントさんと出かけたときのことです。行程は一泊二日。待ち合わせの場所は東京駅。このとき二人の荷物の大きさがあまりに違うことに全員が驚いてしまいました。というのは、彼女は大きなスーツケースをズルズル引きずり、私は対照的に超コンパクトなバッグを肩からさげてスタコラと現れたからです。

ところがいざ現場に着くと、荷物の多い彼女のほうが、あれがない、これがないと大騒ぎ。着替えの服を取り出したらシワクチャ。私が持参しているミニアイロン片手に彼女は大奮闘。ところが、今度は汗でせっかくの化粧がハゲハゲ。まったく踏んだり蹴ったりの彼女の二日間でした。そばで見守っていた私は「何が入っているのだろう……」とスーツケースの中に興味シンシン。スーツケースの中には……化粧品のビンはフルボトル、シャンプーもリンスもフルサイズ、洋服はギュウギュウのすし詰め。相当慌てていたのか洗濯物まで入っていたのには大笑い。家の様子を聞いてみると、「玄関からベッドまで、かか

わずか10.5cm

一目惚れしたプチ・アイロンです。

インターネット通販でも購入できます。

とをつけて歩けないの。床にはモノが散乱して埋め尽くされて、「ゴミ屋敷寸前なのよ」と話してくれたのです。私の経験から、彼女のように家がかたづいていない人は、出かけるときに荷物が多いはず。余分なモノをいつも背負って体力は消耗。パワーダウンすると運はつかめない。外出だけではありません。あなたの財布を見てください。シワクチャになった領収書や期限切れの割引券、走り書きをした紙きれ、不要品などで膨れ上がっていないかしら？　これではお金の運が逃げちゃいますよ。逃がさないように、常に整理することが大切。余分なモノを持ち歩いている人に限って、必要なモノを忘れているはずです。さぁ、今日からあなたも出かけるときには身軽にスタコラとまいりましょう。

洗面所の引き出し

ヘアケアグッズ

メイク道具のストック1

洗面所や鏡台の上にずらっとモノを並べていませんか？　一度チェックしてみてください。いくつも捨てないといけないモノを発見するはずですから……。ガラクタは掃除のときに最悪。面倒だから除けないでいるとホコリの棲みかになります。私はそれが嫌なので、すべてのモノを引き出しの中にかたづけています。化粧品は細かいモノが多いので、小さく仕切っています。もちろんヒャッキンです。メジャー片手にドンピシャのモノを見つけるまで妥協しません。

メイク道具のストック2

ネイルケアグッズ

メイク道具のストック3

残りものの仕切り板も有効利用!

いくら100円だといっても、切り取った後の仕切り板の半端モノを捨ててしまうのは、もったいない。そこで細かいところを仕切るときに再利用。マニキュアもこのように収納したら見やすく、取り出しやすいですよ。

メイク道具

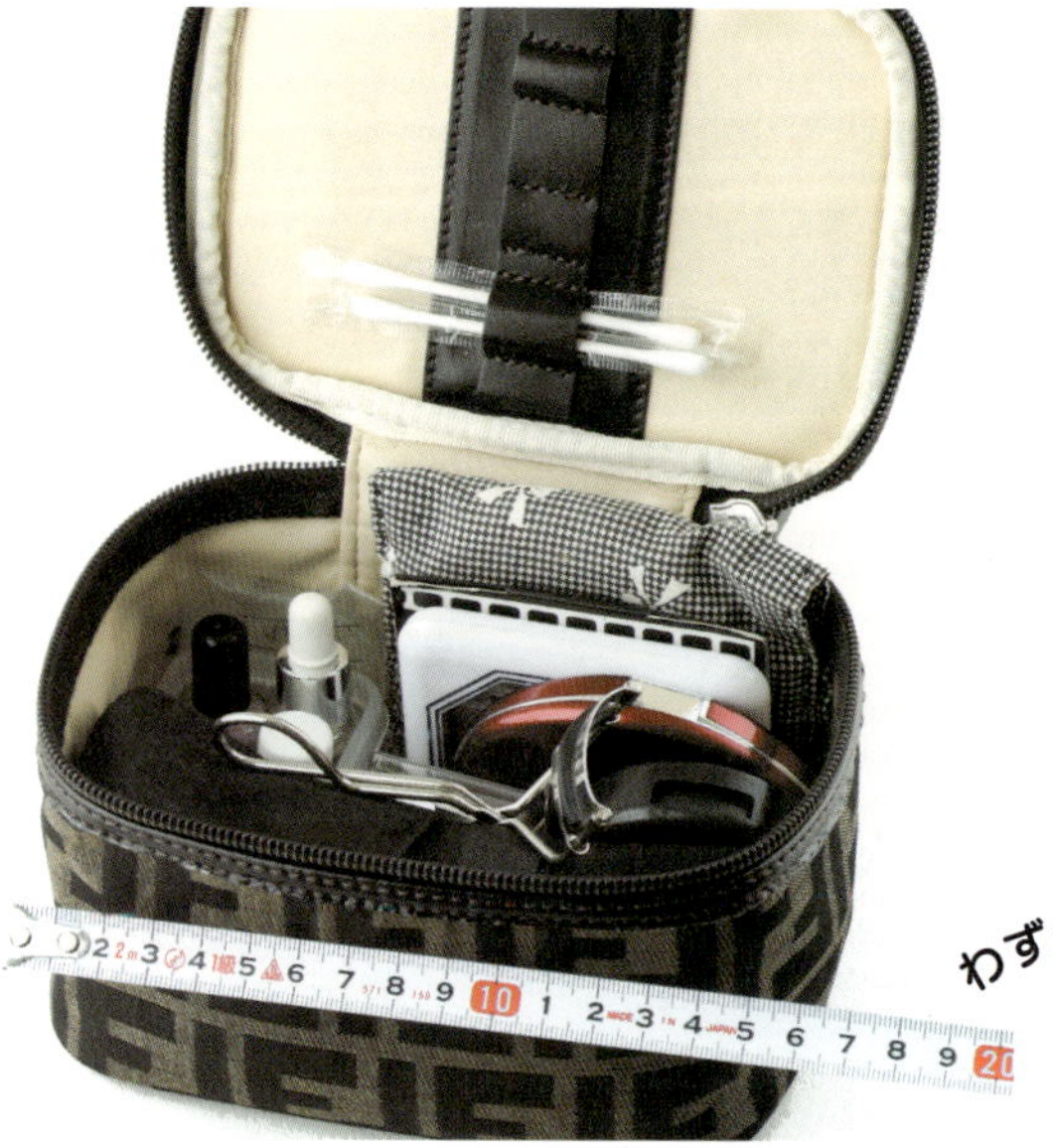
わずか15cm

ART MAKE

メイクボックスの中に入っているモノ

- マスカラ
- 綿棒
- アイシャドーブラシ
- アイライン
- リップグロス
- ヘアムース
- 日焼け止め
- コンパクト
- パフ
- ビューラー
- アイシャドウ
- チーク
- チークブラシ
- コンシーラー
- ハイライト（白）
- ハサミ
- ノーズラインシャドー（茶）

小さい箱の中身

- マニキュア
- ファンデーション
- 美容液
- メイクアップベース

黒いケースの中身

- 眉ブラシ
- アイラインペンシル
- アイラインブラシ
- ハイライトブラシ

合理主義者の私の化粧ボックスは超コンパクト。この小さなボックスにすべてが入っています。重いビンや大きなスプレーを詰め込んでは、体力が消耗してしまいます。無駄な労力は絶対嫌ですね！　詰め替えが可能なモノはできる限り小さく小分けしています。この小さな化粧ボックスにヘアケアグッズ、マニキュア、日焼け止め、ハサミまでも入ってるんですよ。

2〜3日用

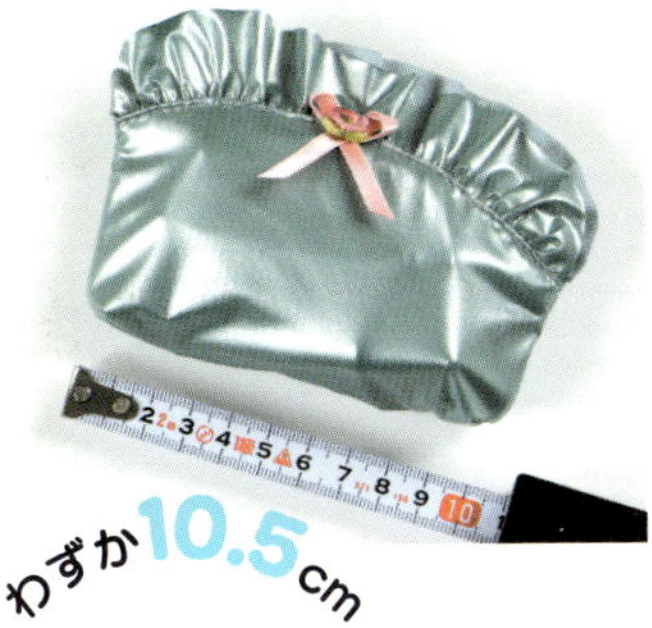

ポーチの中に入っているもの
日焼け止め、美容液、美容クリーム
クレンジング、洗顔液、シャンプー、コットン

超ミニサイズ！　私のお出かけグッズ。

出かけるときの準備はだれにとっても面倒なものです。そこで私はいつ何時でも、すぐさま出かけられるように、お泊まりセット2種類（2〜3日分・1週間分）を作っています。用意していれば、あれがないこれがないといって駅や空港で慌てて買うこともありません。無駄使いは禁物ですよ！　このほかにも、温泉セット、薬セット、プールセットを作っています。

1週間〜10日用

ポーチの中に入っているもの
日焼け止め、美容液、美容クリーム、クレンジング、洗顔液、
シャンプー、コットン、リップクリーム、パフューム

洗面台まわり

ブックスタンド利用！

ブックスタンドでタオルも取り出しやすく！

バスタオルは大きめのブックスタンドに、フェイスタオルはラックに入れておくと、どこからでも取り出せて便利ですよ。もちろん、スタンドもラックもヒャッキングッズです。

洗面所、お風呂は水まわりなので特に清潔に保つことで運気が上がります。ところが困ったことに、ごちゃごちゃしがちな場所です。定期的に、必要なモノ、捨てないといけないモノをズバッとチェックすることが必要です。もちろんゴミ出し日の前日に。モノが多いのはカビの原因にもなります。カビはモノ妖怪の好物。妖怪が棲みついたお風呂場や洗面所では一日の疲れを落とすどころか、疲れを重くすることをお忘れなく！

シンクの下

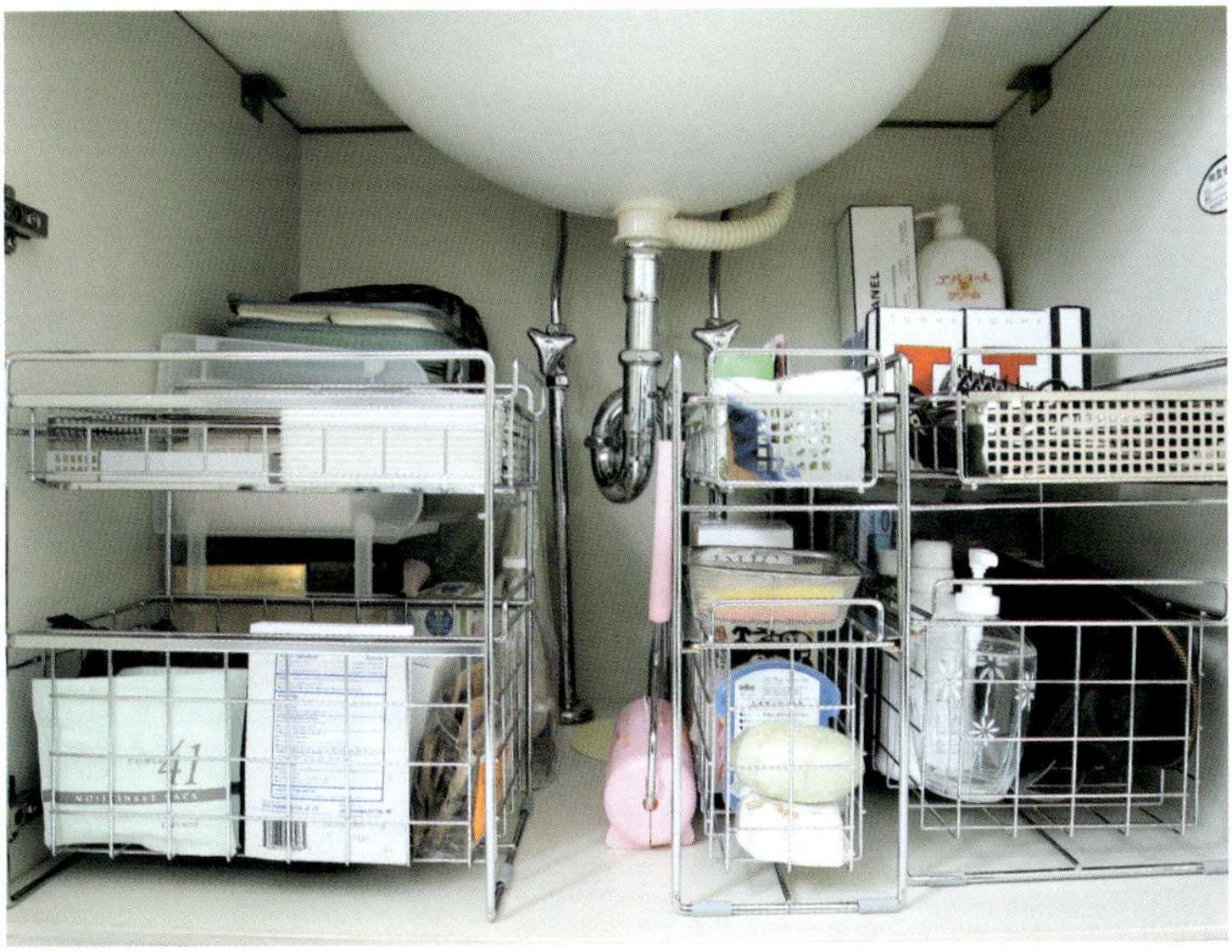

引き出し型で無駄なスペースを解消！

掃除道具のほか、シャンプー、リンスのストックやアロマグッズなどを収納しています。

パイプが配置されているシンク下は厄介な場所です。しかしここはたっぷり収納ができる場所でもあります。そこで私は奥に入れたモノが取り出しやすいように、カタログ通販で引き出しが取り出せるラックを選びました。「引っ越しをしてから一度も奥のモノを出したことがないのよ」と言わないでくださいよ。さぁ、勇気を出してあなたも点検してみましょう。

掃除セットとトイレ用品

掃除セット

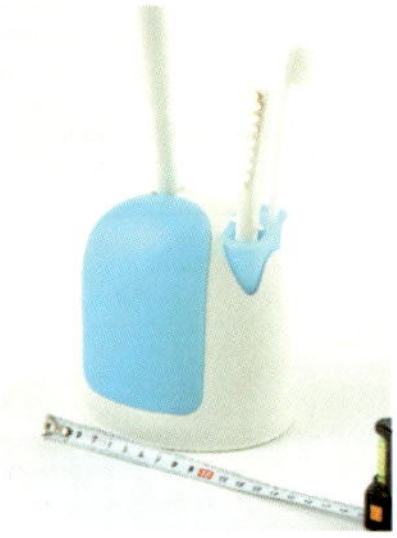

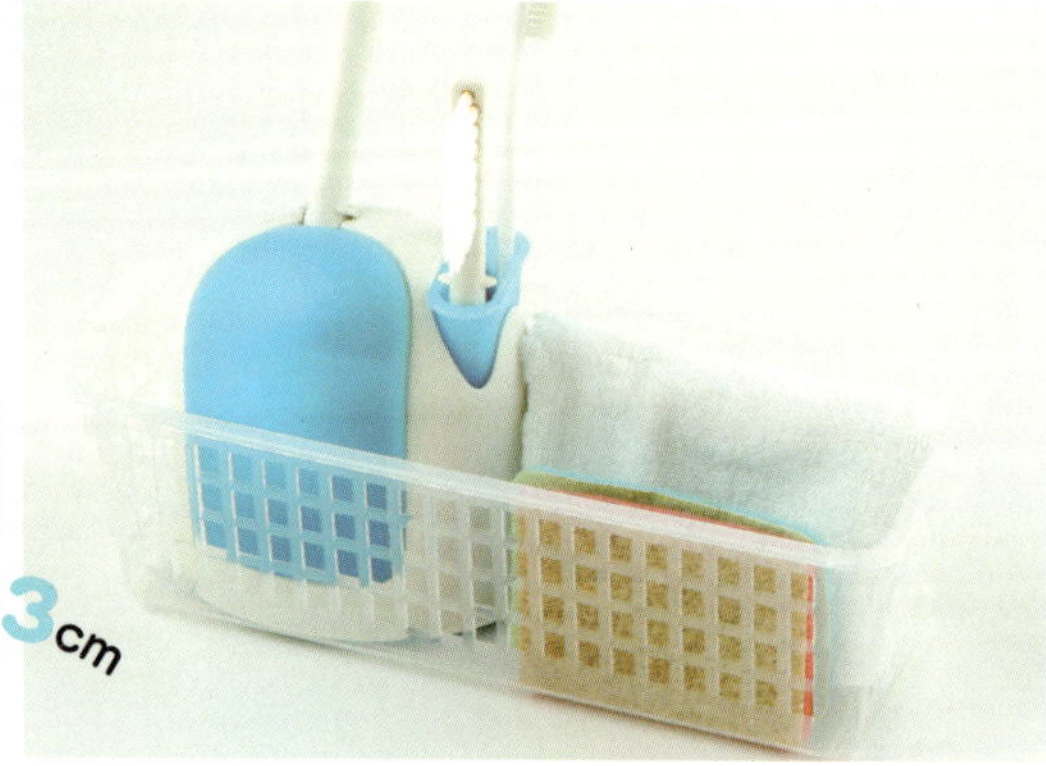

わずか13cm

トイレ用品

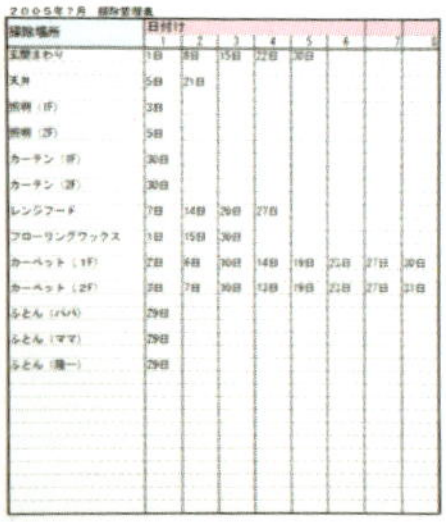

2005年7月 掃除管理表

掃除場所	日付け 1	2	3	4	5	6	7	8
玄関まわり	1日	8日	15日	22日	30日			
天井	5日	21日						
照明（1F）	3日							
照明（2F）	5日							
カーテン（1F）	30日							
カーテン（2F）	30日							
レンジフード	7日	14日	20日	27日				
フローリングワックス	1日	15日	30日					
カーペット（1F）	2日	6日	10日	14日	19日	23日	27日	30日
カーペット（2F）	3日	7日	10日	12日	19日	23日	27日	31日
ふとん（パパ）	29日							
ふとん（ママ）	29日							
ふとん（[illegible]）	29日							

おそうじ管理表

掃除をした日と場所を表にしておくと、記録にもなるし、「次はいつにしようか」と意識ができて便利ですよ。

私の著書『松居一代の超・おそうじ術』の中でも書きましたが、掃除道具の置き場所はとっても重要です。しかし大きな道具があちこちに置いてあると目ざわりです。そこで私は妥協することなく「わぁ、かわいい」と思えるようなコンパクトなモノを常に探しています。このトイレ掃除セットもお気に入りです。トイレットペーパーはストックとワンロールは別の場所で保管しています。ワンロールはトイレのそばの収納にかわいく入れています。

掃除ストックと裁縫セット

掃除グッズストック

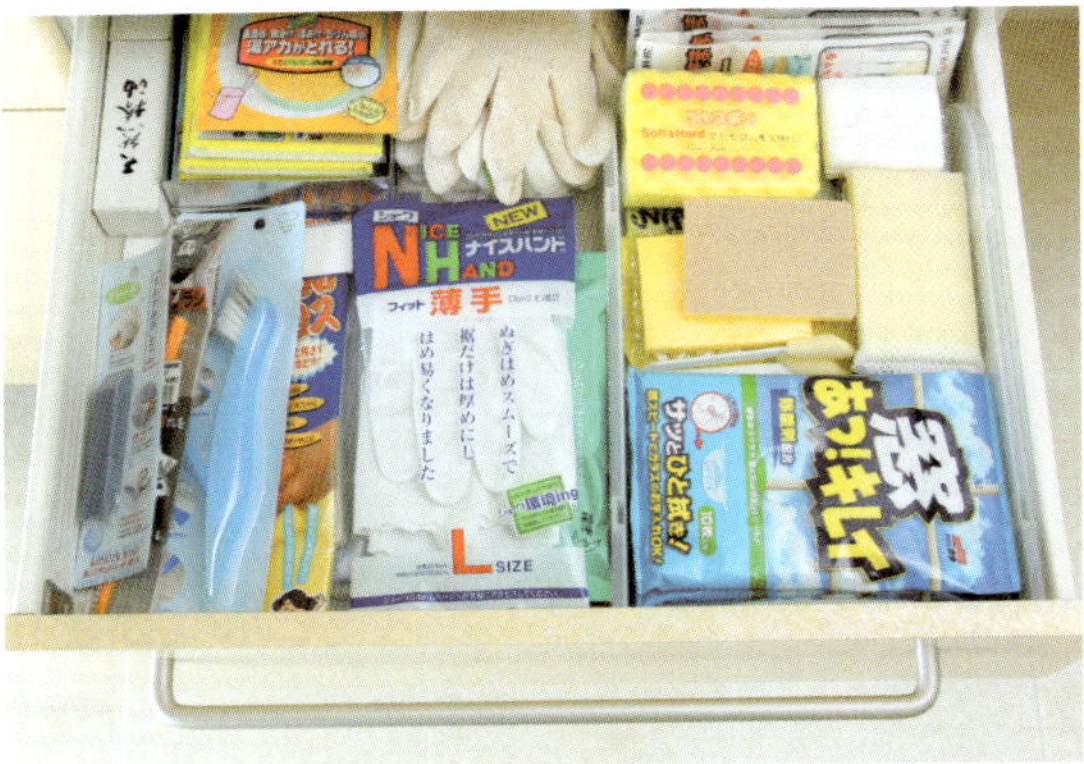

裁縫セット

掃除マニアの私ですから、掃除道具のストックは大切です。ないから掃除ができないと自分に言い訳ができないようにしています。裁縫セットについては、家族全員にどこに何が入っているかわかるようにしています。「ゴム通しはどこかしら?」と探している時間に作業は終わってしまいますからね。モノを探す時間ほど無駄なものはないということを再認識してください。

もちろんありますマツイ棒!

お馴染みの「マツイ棒」は、時間のあるときに作ってストックしてあります。こうしておけば、必要なときにすぐに使えるでしょ。

常備薬

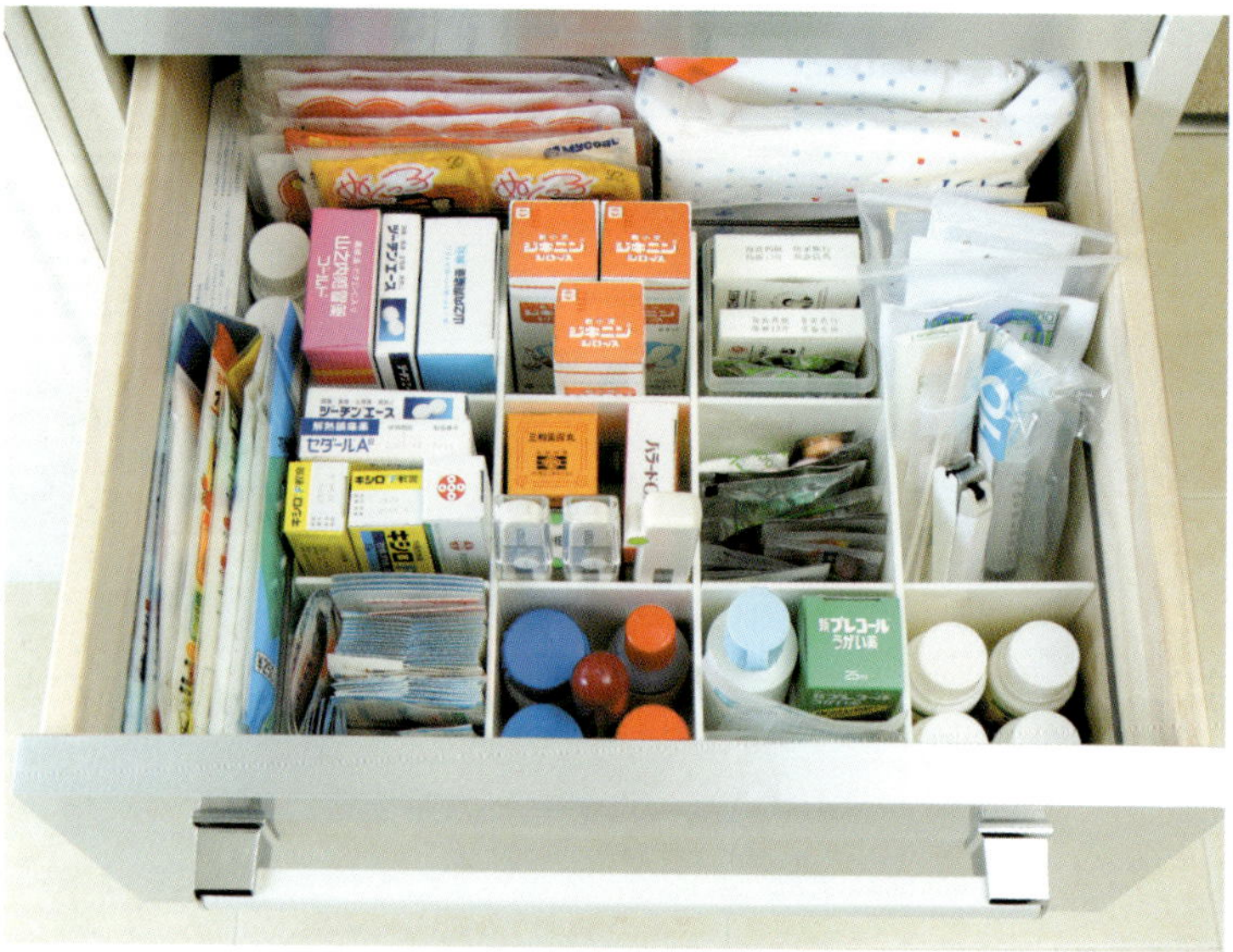

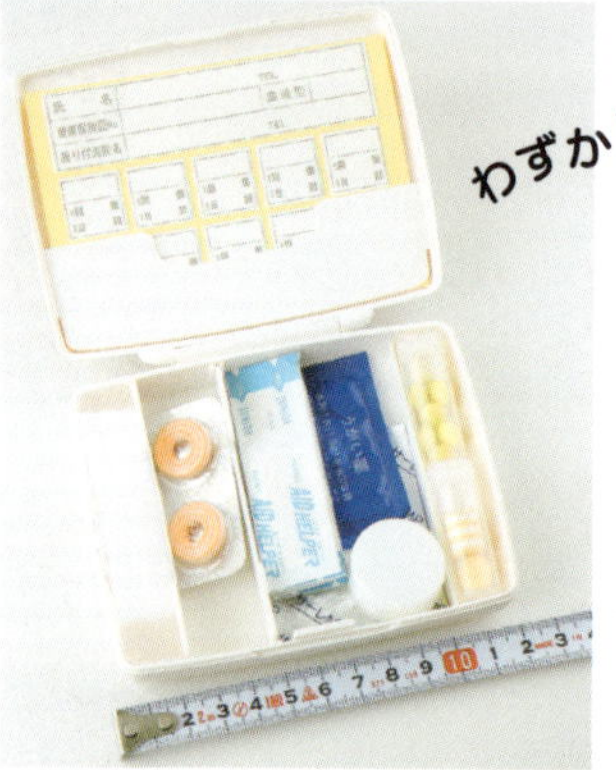

わずか12cm

出かけるときのプチ薬箱

ちょっとした旅行に持っていきます。現地調達するとビンごと、箱ごと持ち歩かねばならず、無駄な荷物が増えますよ。

わが家では、引き出しをまるごと薬箱にしています。ケガや熱を出したときは普段よりも慌てているものです。そこで見やすく、取り出しやすい工夫が必要です。少々のことでは、病院に足を踏み入れたくない私としては、家族それぞれに合った常備薬を常に用意しています。薬にも消費期限はあるので、一年に二度ぐらいはチェックして、いざというときに備えています。

健康保険証と人間ドック資料

健康保険証入れ

保険証OK
診察券OK
救急病院リストOK
これさえあれば
何かあったときも
OK

人間ドック資料ファイル

関連性のあるものは同じ場所、もしくは近くで保管することが鉄則です。わが家では薬箱と同じキャビネットに健康保険証と病院の診察券を一緒に入れています。生死を危ぶまれるときに役に立つのが、人間ドックのなどの健康診断のデータ。基本的な検査結果があるのとそうでないのとでは、一命にかかわってくるかもわかりません。せっかく受けたのですから、家族全員に家の中のどこに置いてあるのか伝えておくことが大切です。

Storage of kitchen

キッチンの収納

私の元気の源は「一日三度の食事」。フォアグラのアヒルじゃないのだから、自分が納得できないモノは口にしない！　と決めています。もちろんそのためには努力は必要です。お腹がすいたからといって、コンビニのお弁当には手は出しません、喉が渇いたからといって、ペットボトルのお茶は飲みません。自分が納得したモノを食べるには、自分で作るのが一番。ところが台所が使いづらいと料理をするのは面倒です。限られたスペースを快適に、自分の使いやすい場所にするには、使わない食器や、料理器具、しまったままの引き出物は処分する。これに限ります。もったいないかしら……。これはお客さん用にとっておこうかしら……。この引き出物はかたづけておこうというのはダメダメ。お客さんより家族が一番。気に入ってない端が欠けた器でご飯を食べて幸せになれると思いますか？　人生は限られているのですよ。食事ができる回数も限られています。だったら自分の超お気に入りの食器で「わぁ、素敵！」と思いながら食事してハッピーになりましょうよ。

結婚式の引き出物に食器はよく使われますが、幸せのおすそ分けは吉、ところが離婚したカップルの引き出物はダメダメ。私は幸せになることにとても貪欲なので、不吉なモノは家のなかに絶対置きません!!　欠けた食器もいけませんが離婚したカップルからもらった引き出物は超ダメ。もったいないからかたづけておこう精神もいけませんよ。もらったらどんどん使いましょうよ。くたびれたモノより新品のピカピカしたモノがいいじゃないですか。入れっぱなしは死蔵品です。調理器具や鍋も似たようなモノがあっても、毎日使うモノは決まっているはず。だったら使いやすいモノだけでいいでしょう。さぁ、台所へ行って、奥の奥、隅の隅まで点検してください。あなたの潔さが幸せをつかみます。

食器

結婚式や法事の引き出物。銀行やケーキ屋の景品で増え続ける食器。自分の好みとは関係なく、もらいものの食器をギュウギュウ詰めにしていたら、いつしか食器棚はパンク状態。そこで私は一大決心をして、自分の好きな食器以外は持たないことに決めたのです。もちろん葛藤はありましたが、好きな食器だけに囲まれた暮らしが、こんなに素敵だったとは夢にも思いませんでした。気に入ったカップでお茶一杯飲むだけで、生活が楽しく豊かになります。

茶托・箸置き

茶托

箸置き

私は茶托と箸置きが好きです。今日はどの箸置きにしようかと楽しく悩んでいます。平凡な毎日の生活のなかにも、喜びや感動は結構たくさんあります。わが家ではもちろんお客さんに茶托を添えてお茶を出しますが、家族がいちばんよい茶托でお茶を飲みます。同じお茶でも豊かな時間になります。お客さんより家族がいちばん！

スプーン・フォーク

来客用のモノ

普段使いのモノ

食器棚を発注したときに既製品の区切るモノは、注文できましたが、もっと小さく小分けをしたかったので足で探しました。いくつものヒャッキンを渡り歩きました。その甲斐あって、理想の色・形のモノをゲットできました。スペースを無駄なく使えるドンピシャサイズ。小さく分けているので、引き出しを開けたとき、一目瞭然で中のモノがわかります。取り出しやすさはバツグンです。

調理器具

ブックスタンド利用！

気に入っている鍋は毎回活躍しますが、全然出番がない鍋もあります。使わない鍋に限られた場所を占領されては、つまらない。料理することすら面倒になってしまいます。調理器具は出しやすいことが一番。この際使わない調理器具は処分しましょう。その決意があなたを楽にしてくれますよ。

台所で使う小物

ラップ類

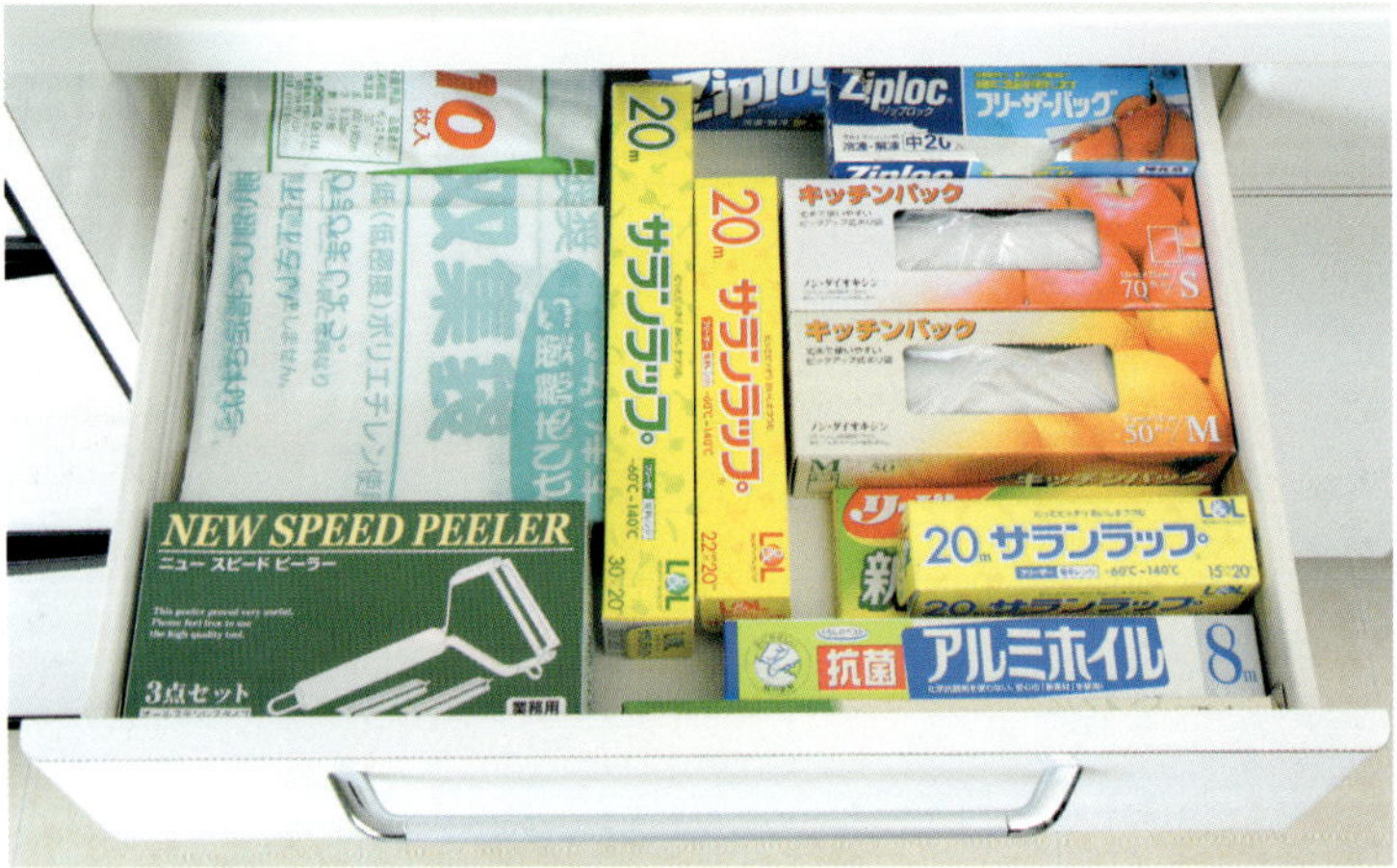

使い捨ての食器&ナプキン

ラップ類は台所には欠かせないものですが、出しっぱなしにするのは好きではないので、引き出しの中にしまっています。食器を処分するまでは、ラップの引き出しまでは確保できませんでしたが、食器を潔く捨ててからはスペースに余裕が出きました。ストローやケーキ屋からもらったフォークやスプーンもひとまとめに引き出しの中で収納しています。紙ナプキンは贅沢品ですが、お客さまよりも家族に使って楽しんでいます。

お弁当用の小物

主人は一年中ドラマの撮影をこなしているので、体のことがとても心配。そこで一日一食でもバランスのとれた和食中心の食事をしてもらいたいので、毎日お弁当を作っています。高校一年生の息子もお弁当なので、私の一日はお弁当作りから始まります。お弁当に欠かせないのが、アルミのおかず入れ。贅沢な入れ方ですが、いらないモノを捨てたので写真のような収納ができました。見やすく、取り出しやすいので、朝の忙しい時間が無駄なく使えます。

乾物類

わずか15.5cm

見つけたときは感動しました！

食器関係の売り場では絶対に見つけられなかったモノ。執念で探せば見つかるものですね。

キョロキョロ
文具店
シャー

お弁当に欠かせないふりかけやとろろ、ゴマなどを、どうしても米びつのそばの空いたスペースに入れたくてメジャー片手に探しまくりました。そしてついに、なんと文房具屋で見つけたのです。キュートでドンピシャのサイズに大感激。立てて収納できるので使いやすさバツグンです。

ストック食品

ブックスタンド利用！

台所に造ったフリー・スペースは、キャスター式の三段ストックラックを入れて取り出しやすい工夫を。目隠しに、突っ張り棒にカフェカーテンを取り付けてかわいく。レンジ横にはトレイ立てとして、ヒャッキンで見つけたブックスタンドを利用しています。

スーパーのビニール袋も再利用!!

たまってしまうスーパーの半透明のビニール袋は、きれいに折りたたんで、お気に入りの植木鉢に。毎日出る生ゴミを入れて再利用。

台所の上の収納

この場所は台所の中で、広く収納場所がとれる場所です。しかし入れ方によっては、高さと奥行きの深さで見にくい場所でもあります。「見えなかったから、また買っちゃった」、こんな経験はありませんか？

そこで私はたくさんのモノを入れても、パッとひと目で全部が見えるようにブックスタンドを利用して収納をしています。もちろんヒャッキンの商品です。この収納法にしてから無駄買いがなくなりました。

わが家で大活躍！ブックスタンド活用術

きれいで取り出しやすい収納を考えるときに
活躍したのがブックスタンドでした。
わが家では、むしろ本以外のものを立てるモノとして重宝しています。

♥バッグを立てる

立てて置くことのできないバッグ類を挟み込んで。とても取り出しやすくなります。

♥伝票を立てる

仕事柄宅配便の伝票類の種類が多いので、ひと種類ずつ立ててあります。必要に応じてパッと選べます。

♥鍋のフタを立てる

これも積み重ねておくと下のモノが取り出しにくくなります。なので、立ててスッキリと収納しています。

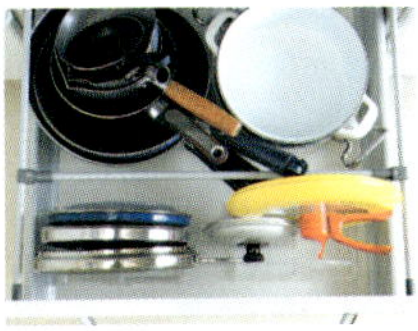

♥タオルを立てる

上に積み上げたタオルは、途中のものを使おうとすると崩れてしまいます。ブックスタンドに立てておくと、どこからでもすぐに取りだせます。

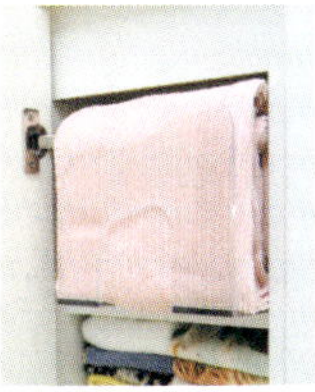

♥本を立てる

私の記事が掲載されている雑誌などは、引き出しの中に入れます。ここでももちろんブックスタンドを利用。

♥トレイを立てる

電子レンジの横にトレイを立てるのにも使用。取り出すときの滑りもいいし、トレイを擦って家具を傷つける心配もありません。

♥ストック食品を立てる

右の86ページのとおりです。立てて収納することでスペースを有効に活用することができます。

Life miscellaneous goods

生活雑貨たち

あなたは受け取った手紙をどうしていますか?

もし捨てられないで、何年前、何十年前の手紙に埋もれていたらいけませんよ。過去ばかり引きずってはダメダメ。私たちは毎日向上しないといけません。マイナスの感情に引き込まれたり、過去にしがみつくようなモノは処分しましょう。

読んでルンルンになるような手紙だけでいいじゃないですか。ただしマックスを決めて。

私の一回目の夫は手紙を書くことが好きで、六百通ぐらい受け取りました。うまくいってたころは「ピンクの箱」。ところが別居と同時に「黒い箱」に移しました。そして離婚が成立し証拠品がいらなくなったとき、きれいさっぱりゴミ袋へ。

昔の恋人や夫の手紙や写真を捨てられない人は、新しい出会いを遠ざけます。過去は過去、清算は大事です。

ここだけの話ですが、船越の溜め込んでいたモノの中から、昔の彼女の手紙や写真などが出てきました。もちろん私がピューと引き裂いて、破り捨てたので夢の島へ直行。でも、捨てるばかりじゃありません。私はラッピングが大好きなので、いただくリボンや、ときには包装紙も再利用しています。もっとリボンを使いたいと思っても、リボンは値段が高いでしょう？　そこでリサイクル。東京で安いところは下町の浅草橋周辺。ところがもっと桁外れに安いのが韓国。ラッピングの好きな人は韓国へどうぞ。

祝儀袋もリサイクル。五年前の船越との結婚式でいただいた祝儀袋を三日間かけて再利用できるように作り変えました。あんなきれいなモノを捨てるのは、もったいないでしょう？　お陰で一代オリジナル祝儀袋ができあがりました。

手紙・ハガキなど

切手のストック

シールのストック

メールや電話で用をすませる世の中ですから、手紙は相手の印象度が違います。そのうえ毛筆の手紙となると高感度バツグン。私が愛用している和紙は二種類のみ。いろんな種類の便箋や封筒を使うと、収納する際にかさばるし、ロスが出るからです。そのかわり、切手とシールは楽しみます。切手は北海道の記念切手が最高ですね。シールや文具類はまとめて問屋街の浅草橋まで買いに出かけます。安いからワクワクしながら買えますよ。

ブックスタンドで宅配便伝票

私は個人事務所なので、仕事柄ほとんど毎日宅配を利用しています。だれにでもわかりやすいように、伝票の整理は引き出しの中にブックスタンドを入れて分類しています。

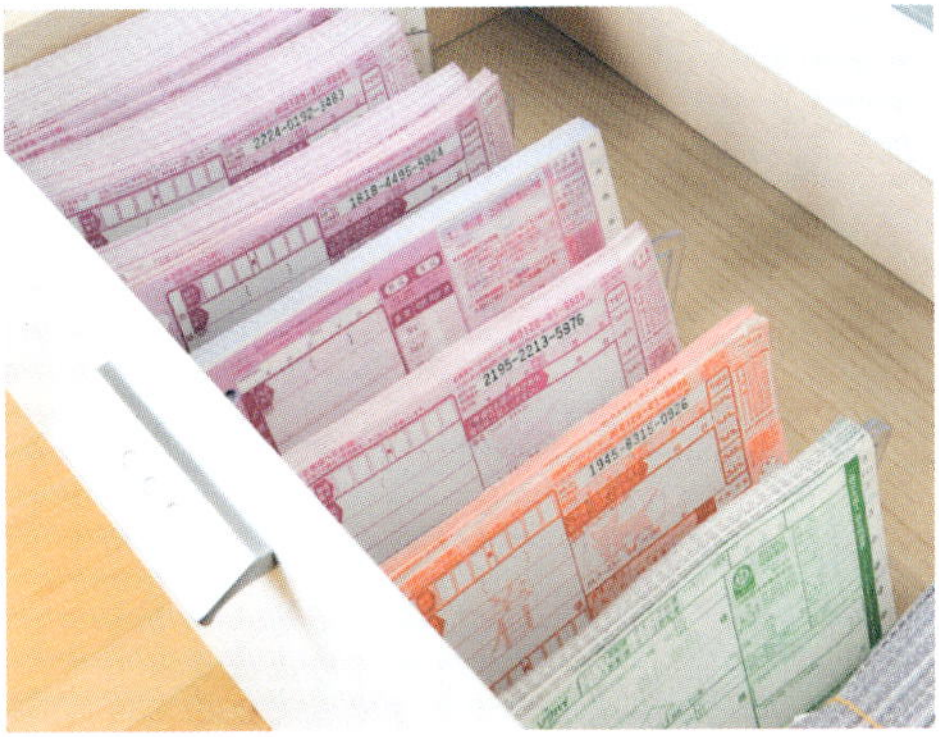

毛筆の手紙は一筆入魂!

毛筆で手紙を書くようになって20年。最初のころは下手で読めたものではありませんでしたが、字は書けば書くほど上手になるものですね。下書きはゼロ、そのお陰で本まで書けるようになりました。今では年間600通ぐらい書いています。

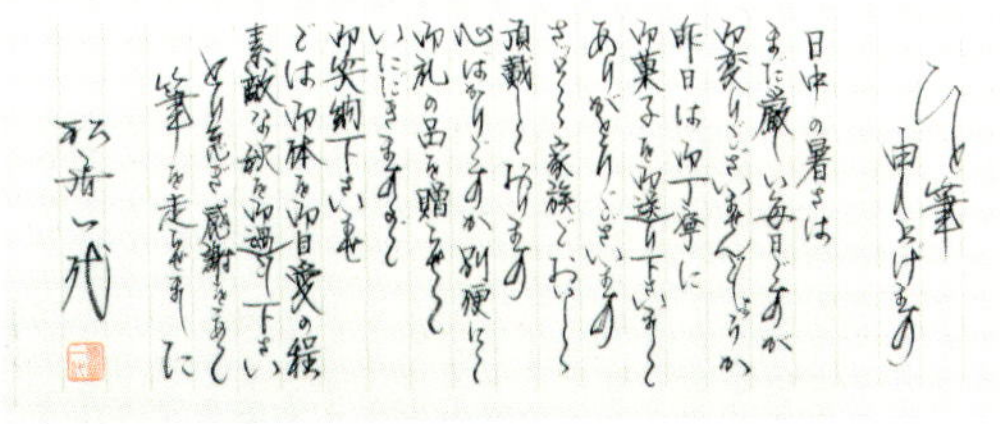

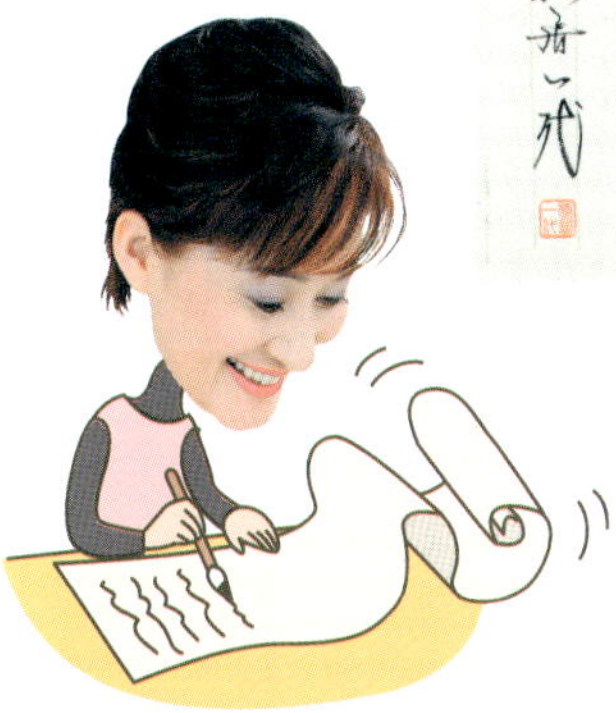

文房具

どこの家庭でも最低限の文具用品は必要です。ところが輪ゴムはどこ……消しゴムはどこ……糊はどこ……と探してはいませんか？　探しているうちに面倒になってそのまま放置……という経験はありませんか？　わが家では最低限の文具を何カ所かに分けて置いています。そのほうが作業がスムーズに進むからです。小さな文房具はヒャッキンのアクリルケースに入れて引き出しにしまっています。探しやすさは抜群です。

スクラップ

主人の仕事スクラップブック

新聞のスクラップブック

新聞（ファイル上から）
スポーツニッポン 2002年12月2日
産経新聞 2003年11月3日
日刊スポーツ 2001年5月11日
サンケイスポーツ 2001年11月1日

結婚したときびっくりしたことのひとつは、船越が彼のことを書いた新聞や雑誌を捨てていたことでした。最低限のモノをかき集めて、どうにか写真のスクラップができあがりました。気になる雑誌や新聞もファイルします。雑誌や新聞を丸ごと保管していると場所をとりますが、欲しいところだけをサッサと切り抜いて後は処分。溜めると面倒なので、この作業は資源ゴミの前日と決めています。

リボン

写真のリボンはリサイクル。いただき物をしたときについていたリボンたちです。捨てるには忍びないので、丸めてヒャッキンのケースに保管しています。私はラッピングがとても好きなのでほとんど自分で包装をしますが、リボンは値段が張るモノです。そこで活躍するのはリサイクル・リボン。ケチケチすることなく使えて最高！　「あなたがくれたリボンです」と書き添えたら、みんなびっくりしています。

祝儀袋

短冊だけでも売っています。

こちらの祝儀袋もリサイクル。祝儀袋のリサイクル?と首を傾げる人もいると思いますが、幸せのおすそ分けはいいものです……。実は五年前に船越と結婚したときにいただいた祝儀袋なんです。たくさんの方に祝っていただき祝儀袋は山のようでした。開封していた人が捨てようとしていたので「ちょっと待った!」に始まり、私は袋と水引を別々にして新たに一代オリジナル祝儀袋を作りました。探せば売っているもので、短冊だけでも売っていますよ。水引きはラッピングする際にも大活躍。

Household economy and family

家計・家族に関するもの

紙類の整理は私たちの心と生活を大きく左右します。たとえば、お礼状を出さないといけないと思いつつ、日が過ぎていくと心がだんだん重くなっていくでしょう? 支払い関係もそうです。請求書を受け取って時間が過ぎていくと嫌でしょう? いずれ払うのだったら、早く支払ったほうがすっきりします。催促をされようものならば、あなたは信頼を失くします。つまり処理の速さで自分の信頼度を高めることができることに気がついてください。

本が捨てられない人、何年も開いていない本を手に取ってください。手が湿っぽくなって、ペラペラめくるとカビ臭さが漂ってきますから。これはいけませんよ。どうしていけないかというと、カビ臭いエネルギーは新しいことに挑戦するエネルギーを止めてしまうからです。それでは夢ある未来を開くことができません。そして本はダニの棲みかだということもお忘れなく。肌の弱い人やアレルギーの人は要注意。

本当に大事な本や雑誌、新聞の切り抜きだけで十分。山のように積まれた雑誌や本を潔く処分してごらんなさい。どんなにすっきりすることか。いままでホコリをかぶって空気が妖怪にむしばまれていた場所が、息を吹きかえしてきますから。

大切な書類はきっちりと整理することで、あなたの人生を変えてくれます。たとえば領収書をただ溜めるだけで何がわかりますか。それを整理して集計することで、はじめてマネープランに役に立つのです。今は自己管理の時代。カードトラブルにあってもあなたの責任です。それが「カード明細表はどこかしら?」なんていうズサンな生活を送っていてはダメダメ。管理と整理はあなたを助けてくれます。貯蓄のプランがうまくなり、無駄遣いが減り、お金はしっかり貯まります。間違いありませんよ!

公共料金・税金の書類

電気代は毎月いくらかかっているか？　水道代はいくら支払っているのか？　知らない人がいるとしたら、これはいけませんよ。また検針票と明細票も大切です。私は五年分を保管しています。別にコンピューターで一覧表も作っています。保管するファイルについてはサイズを悩みましたが、小ぶりファイルで整理するようになって二十年になります。整理しているお陰でこれまで二回検診器のトラブルに気がつきました。

伝票ファイル

右ページの棚のように、伝票はひとつずつファイリングしています。種類によって色分けしておくと便利ですよ。ちなみにわが家ではファイルに貼るテープごとにきちんと整理してあります。

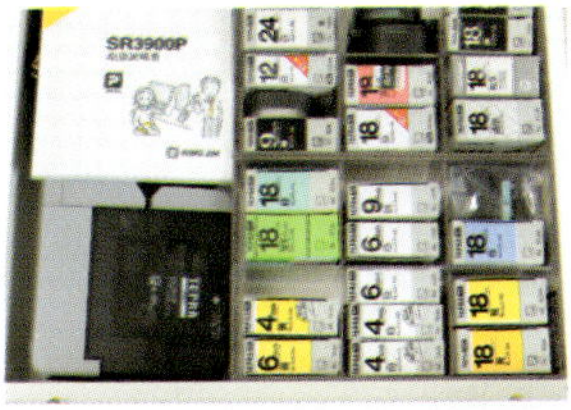

年間振込記録ファイル

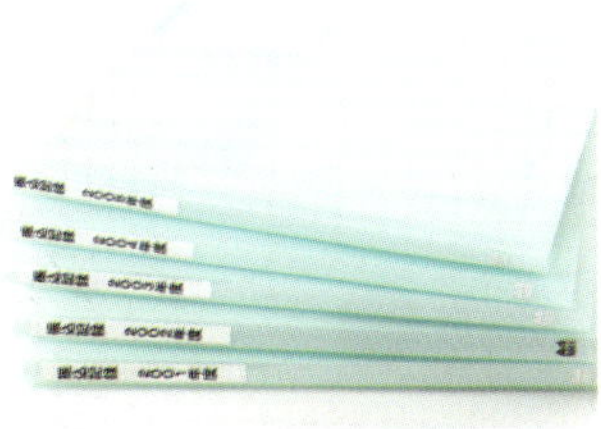

月間振込一覧表

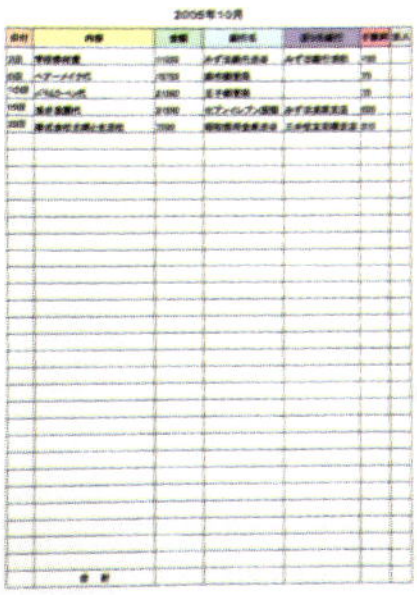

税金一覧表

税金一覧表

	[illegible]	[illegible]	[illegible]	[illegible]	[illegible]	[illegible]
13年度	100000	100000	100000	100000	100000	100000
14年度	100000	100000	100000	100000	100000	100000
15年度	100000	100000	100000	100000	100000	100000
16年度	100000	100000	100000	100000	100000	100000
17年度	100000	100000	100000	100000	100000	100000
18年度						
19年度						
20年度						
21年度						
22年度						
23年度						
24年度						

支払ったお金は一覧表で管理

税金のほか、通常の支払いも一覧表にしています。何かあったときに、すぐに調べられて便利です。

ローンを組むことになり、銀行から二年分の確定申告表を提出してくださいといわれても、「さあ、どこにいったかしら……」と大騒ぎする人はいませんか？ 自分はどれくらい税金を支払っているのか、固定資産税はどうなのか、不動産取得税はいくらぐらい払ったのか。これらを把握していないと、お金のプランは立てられません。どんぶり勘定はとても危険です。整理・整頓している人はお金についてもすごくしっかり計画を立てているはずです。

領収書

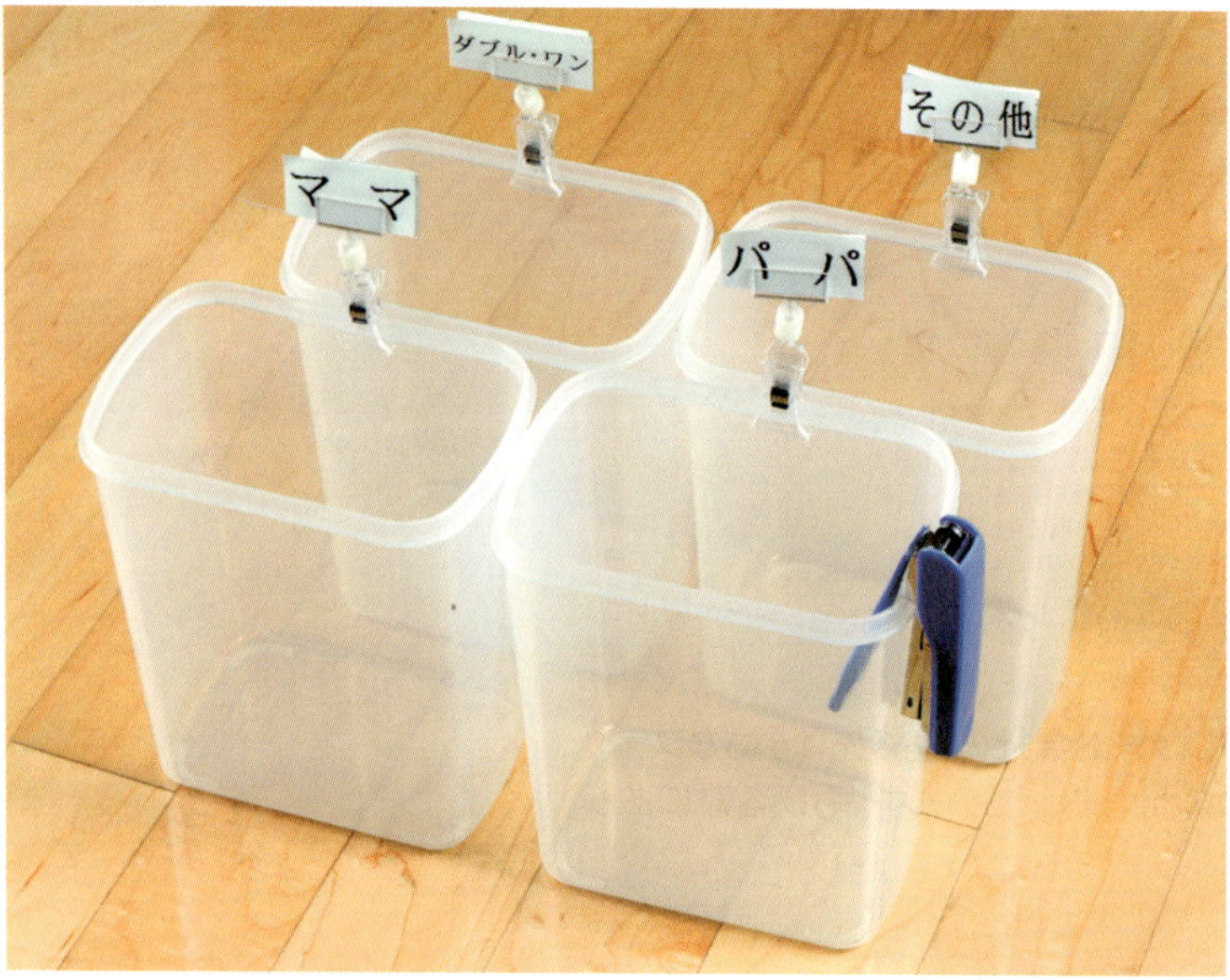

領収書はただ溜めただけではいけません。しっかり整理をすれば、マネープランが立てやすくなります。毎日財布から領収書を取り出し、四つに小分けします。小分けした領収書は日にち順に専用の台帳に貼っていきます。次に番号を振ります。最後に領収書の内容（店の住所、名前、使用目的、金額）をコンピューターのデータに入力をして終わります。これを習慣にしていると会社の決算そして確定申告がスムーズです。税務署に対しても枕を高くして眠れますよ。

カードのトラブルにご用心！

みなさん無防備すぎませんか?

「日本は安全」。

この神話は崩れていますよ。

自分の身は自分で守りましょう。

明細の保管は当然です！

あるテレビ番組でスキミング・トラブルのことを報道していた際に、MCの女性がカード明細は捨てているといったことに私は驚いてしまいました。これだけカード・トラブルが多い世の中ですから、明細の保管は当然です。まず、明細が送られてきたら、しっかりチェックして領収書と照らし合わせて金額の確認。私は7年分は保管しています。そして常に、カード会社の連絡先は小さなファイルに入れて持ち歩いています。もし盗難にあったならば、被害を小さくするためには時間との勝負です。すぐ連絡できるようにしましょう。

暗証番号を守りましょう！

今はコンビニでもお金を出したり振り込みができる時代ですが、皆さん無用心すぎます。ATMで暗証番号を押すときに、操作する指を隠してプッシュしていますか?　せめて押す指を片方の手で隠して行動しましょう。「日本は安全だ」という神話は崩れていることをお忘れなく!

＊スキミングとは……他人のキャッシュカードやクレジットカードの情報を、専用の読み取り装置で不正に取得し、悪用する犯罪行為。

お財布のレシートなどは毎日チェック

整理箱に仕分け

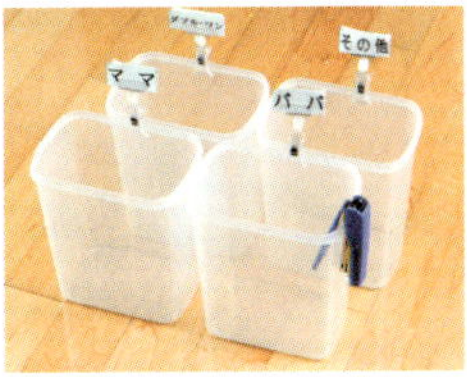

専用の台帳に貼付

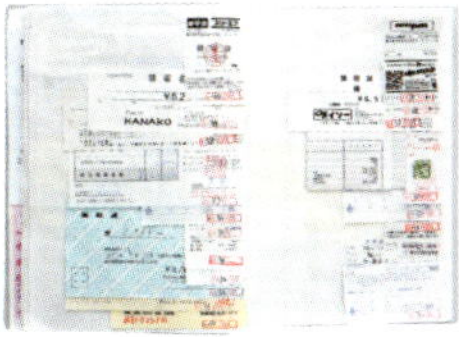

ナンバリング

パソコンに入力

貴重な書類

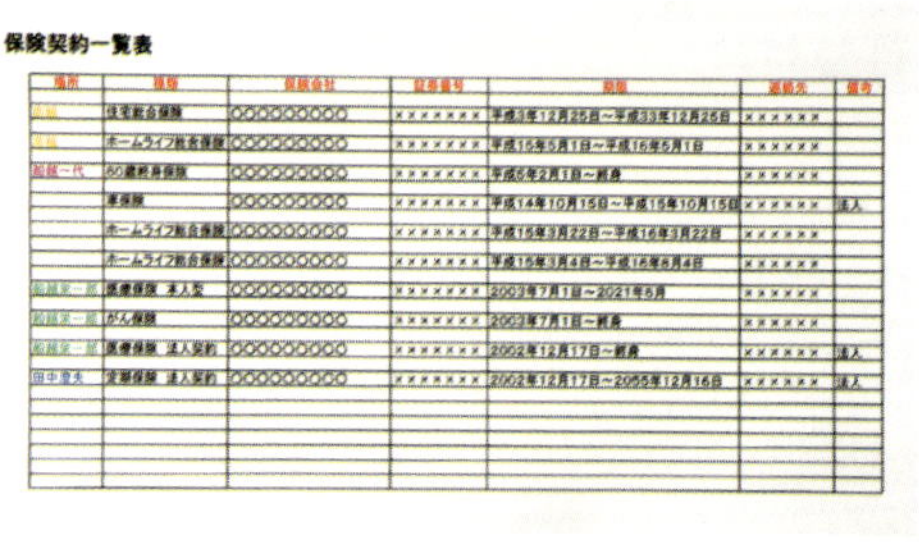
保険契約一覧表

場所	種類	保険会社	証券番号	期間	連絡先	備考
[illegible]	住宅総合保険	○○○○○○○○○○	××××××××	平成3年12月25日～平成33年12月25日	××××××	
[illegible]	ホームライフ総合保険	○○○○○○○○○○	××××××××	平成15年5月1日～平成16年5月1日	××××××	
船越一代	60歳終身保険	○○○○○○○○○○	××××××××	平成6年2月1日～終身	××××××	
	車保険	○○○○○○○○○○	××××××××	平成14年10月15日～平成15年10月15日	××××××	法人
	ホームライフ総合保険	○○○○○○○○○○	××××××××	平成15年3月22日～平成16年3月22日	××××××	
	ホームライフ総合保険	○○○○○○○○○○	××××××××	平成15年3月4日～平成16年8月4日	××××××	
船越英一郎	医療保険　本人型	○○○○○○○○○○	××××××××	2003年7月1日～2021年5月	××××××	
船越英一郎	がん保険	○○○○○○○○○○	××××××××	2003年7月1日～終身	××××××	
船越英一郎	医療保険　法人契約	○○○○○○○○○○	××××××××	2002年12月17日～終身	××××××	法人
田中登夫	定期保険　法人契約	○○○○○○○○○○	××××××××	2002年12月17日～2055年12月16日	××××××	法人

一覧表で無駄な書類を溜めない！

保険の契約書など、期限のあるものは一覧表に。
こうすれば期限切れのものをすぐにチェックできます。

保険書類や賃貸契約書、不動産契約書の書類の保管は大丈夫ですか？　期間が終了した保険証書を大事に保管している人はいませんか？　これはなんの役にも立ちませんよ。必要なものだけを保管しましょう。住宅ローンの書類は確定申告や繰越返済をする際に大切です。繰越返済をしたとき、銀行が手続きミスをしたことがありましたが、書類を整理していたお陰で誤りを発見することができました。

学校関係

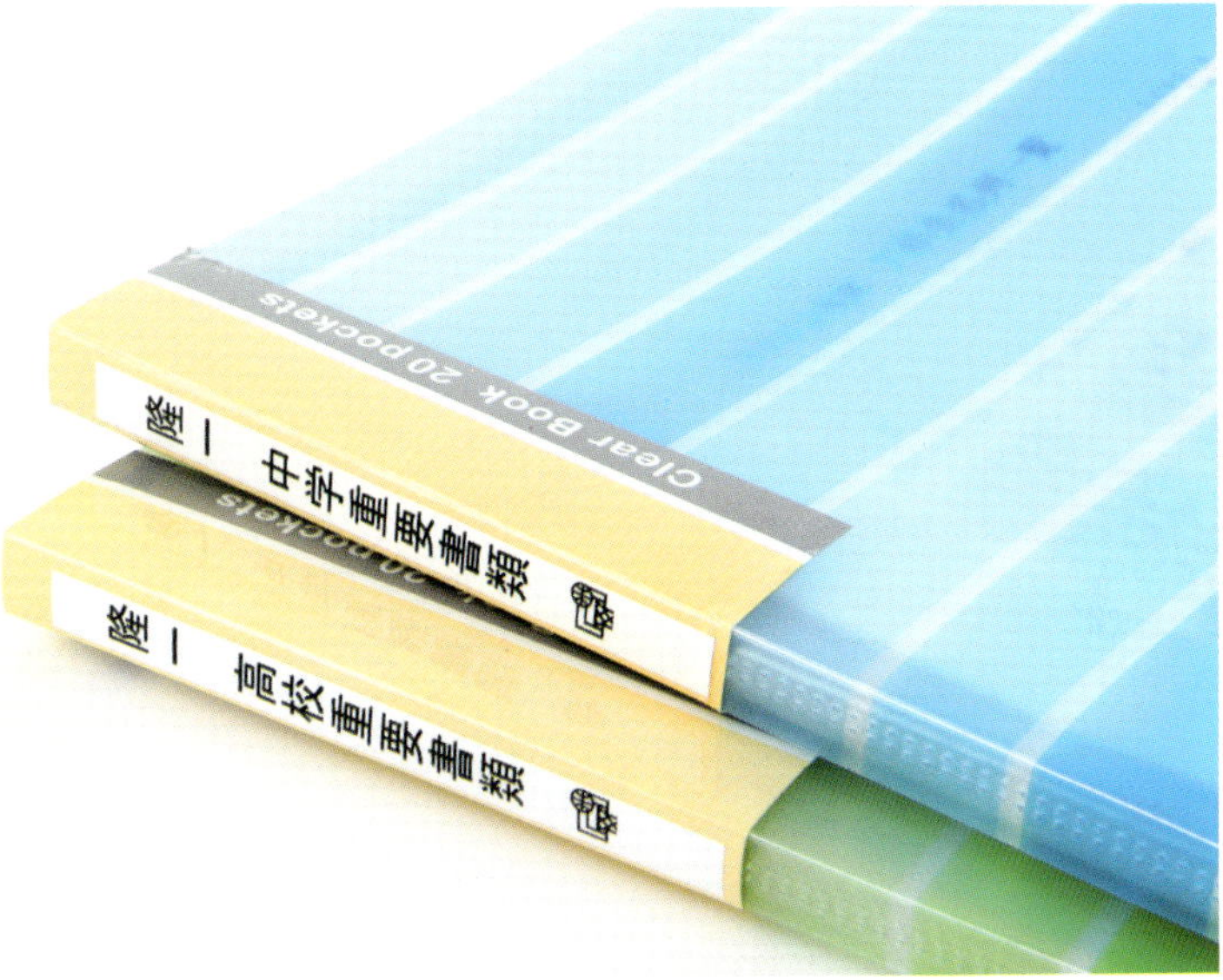
Clear Book 20 pockets
隆一 中学重要書類
隆一 高校重要書類

学校からの
連絡網です
今日の運動会は
実施されます
よろしく
連絡票

○○高校

お子さんがいる家庭では学校から配られる書類は増えていくばかりです。必要なモノと処分してもいいモノを、いっしょにしていると大切な書類を探すときひと苦労。そこで私は息子用の引き出しを作っています。特に重要な年間行事表や先生方の連絡先、連絡網表などは別にファイルしています。個人情報流出防止のために、一度紛失した書類を学校から再度いただくのは大変ですよ。

家族の連絡表

家の中4カ所に置いてある家族の連絡表

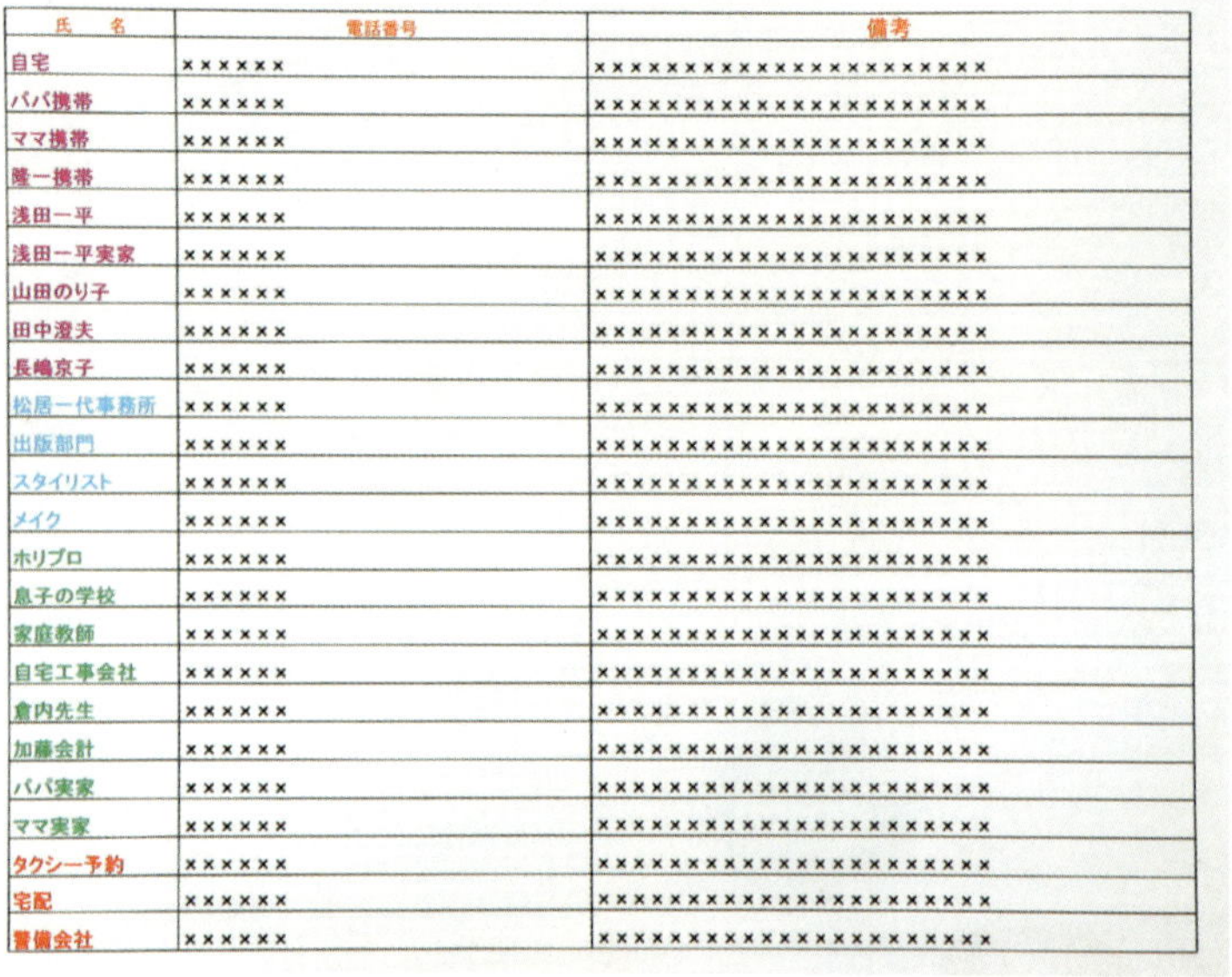

氏名	電話番号	備考
自宅	××××××	××××××××××××××××××××××××
パパ携帯	××××××	××××××××××××××××××××××××
ママ携帯	××××××	××××××××××××××××××××××××
隆一携帯	××××××	××××××××××××××××××××××××
浅田一平	××××××	××××××××××××××××××××××××
浅田一平実家	××××××	××××××××××××××××××××××××
山田のり子	××××××	××××××××××××××××××××××××
田中澄夫	××××××	××××××××××××××××××××××××
長嶋京子	××××××	××××××××××××××××××××××××
松居一代事務所	××××××	××××××××××××××××××××××××
出版部門	××××××	××××××××××××××××××××××××
スタイリスト	××××××	××××××××××××××××××××××××
メイク	××××××	××××××××××××××××××××××××
ホリプロ	××××××	××××××××××××××××××××××××
息子の学校	××××××	××××××××××××××××××××××××
家庭教師	××××××	××××××××××××××××××××××××
自宅工事会社	××××××	××××××××××××××××××××××××
倉内先生	××××××	××××××××××××××××××××××××
加藤会計	××××××	××××××××××××××××××××××××
パパ実家	××××××	××××××××××××××××××××××××
ママ実家	××××××	××××××××××××××××××××××××
タクシー予約	××××××	××××××××××××××××××××××××
宅配	××××××	××××××××××××××××××××××××
警備会社	××××××	××××××××××××××××××××××××

バッグに入れているミニサイズ

携帯用の連絡表も便利

家に置いている連絡表のミニ版を持ち歩いています。ハガキサイズですから持っていても邪魔にもなりません。

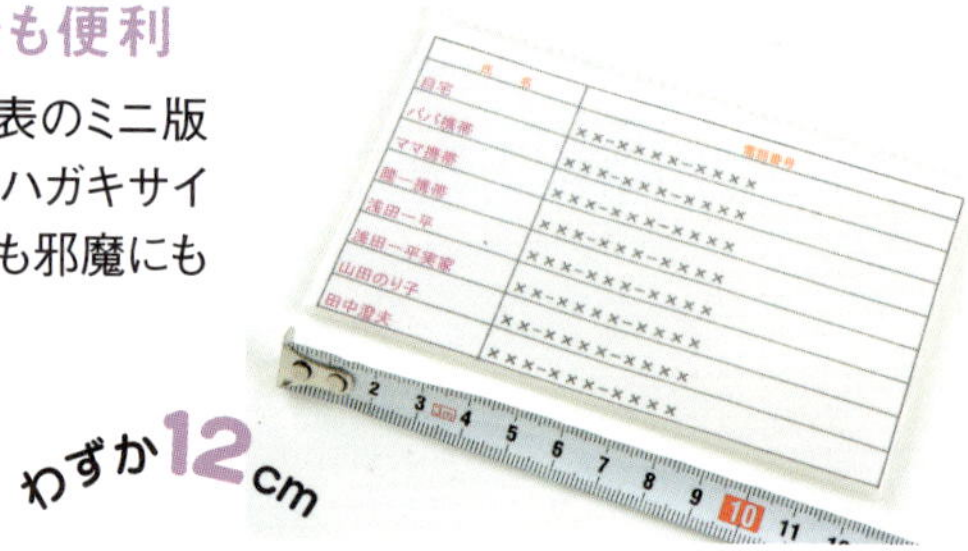

主人と私の仕事柄、家には家族以外の出入りが頻繁にあります。そこでもっとも重要な連絡先二十四件をＡ４の紙にまとめて家の中四カ所、主人と私の車の中、そしてスタッフ一人ずつに手渡しています。いつ何が起こるかわからない世の中ですから、最低限の連絡先は常に持ち歩き、家の中の見やすいところに置いています。一目瞭然で見られるので焦っているときには超便利です。携帯電話のアドレス帳は持っている本人しか見られません。これは、ぜひ皆さんも作ってみてください。

ご近所関係

ご近所資料

出前

奥さ〜ん
今夜うちの主人の
サスペンス放送です
9時ね！

使う場所のそばに置くこともポイント！

わが家の出前リストは電話を置いているチェストの中に。すぐに出せる場所でなければ意味がありません。

都会に住んでいるとご近所のつきあいをしない人もいますが、昔から遠い親戚よりも向こう三軒両隣。ご近所の方の電話番号をお尋ねしてファイルにまとめています。出前表もファイルにまとめると便利ですよ。いざ注文と思っても、どこに行った？　出前リスト……というようなことがないように。しっかり整理していると期日が限定されている割引券も損しませんよ。

お取り寄せ

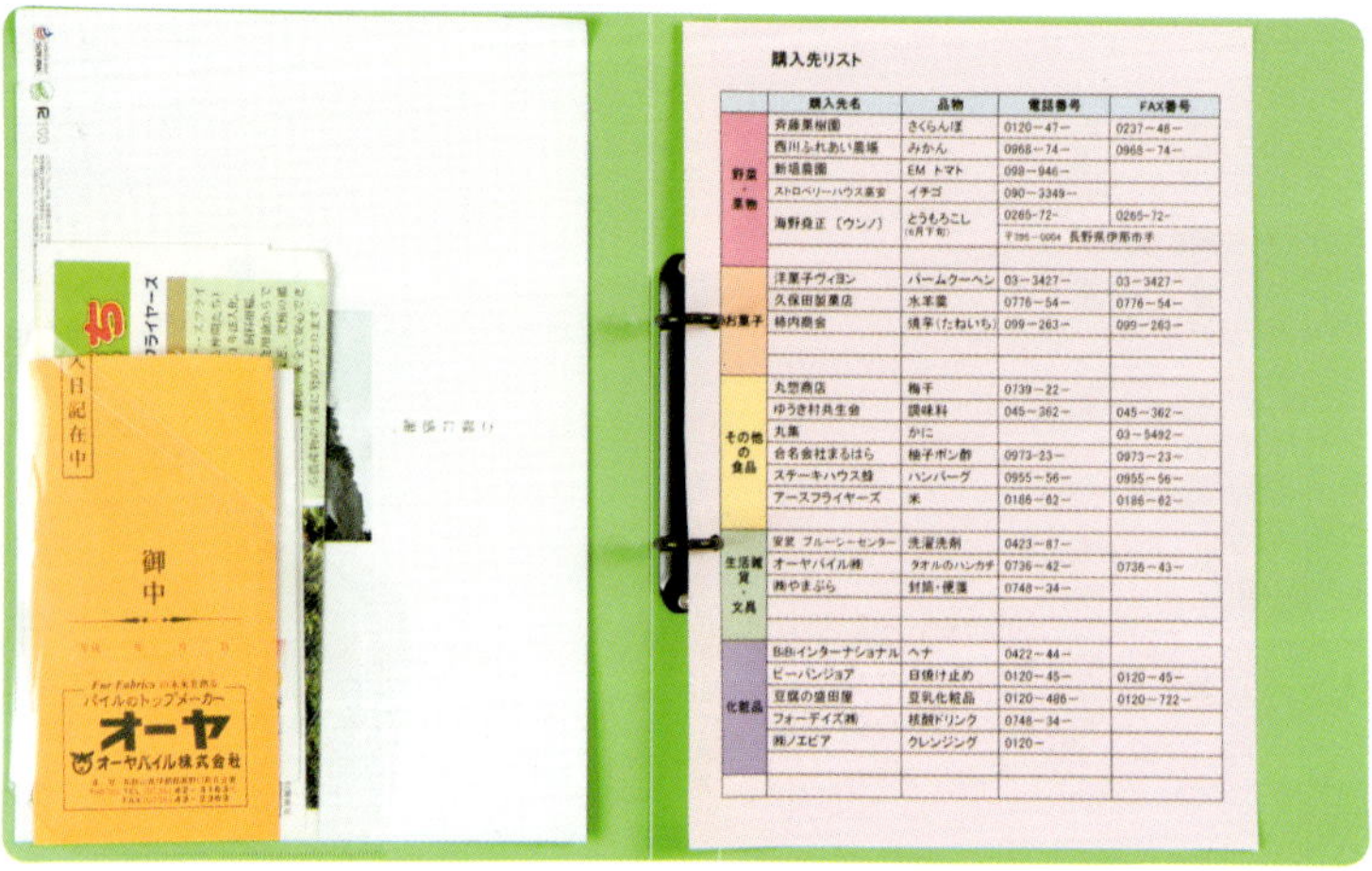

ありがたいことに宅配の普及で世の中まさにお取り寄せ時代。わが家でもさまざまなモノを取り寄せます。ところがこの店どこかしら……。電話番号は……。いちいち探していたら時間のロス。そこで私は取り寄せファイルを作っています。いつか「わが家のお取り寄せ本」を出版したいとひそかに計画しています。隠れたおいしいものは世の中いっぱいあるものですね。

バケーション・旅行

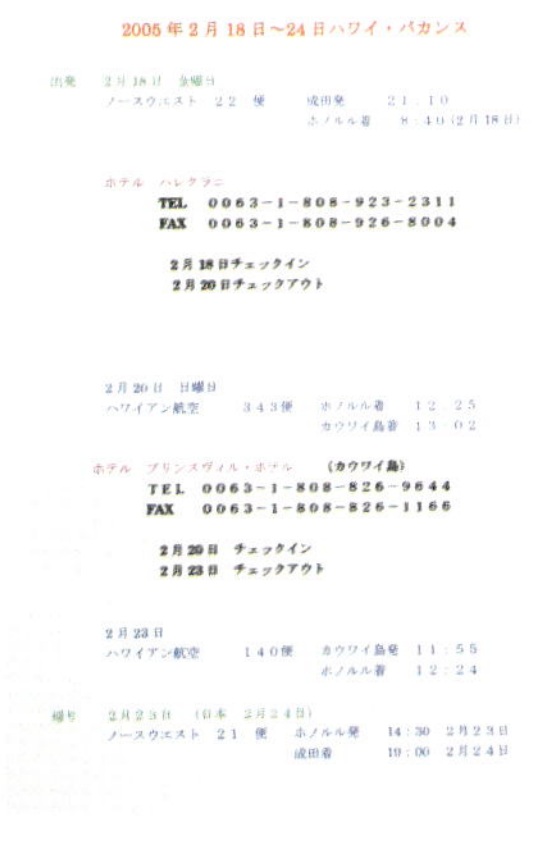

2005年2月18日～24日ハワイ・バカンス

出発　2月18日　金曜日
ノースウエスト　22　便　成田発　21：10
ホノルル着　8：40(2月18日)

ホテル　ハレクラニ
TEL　0063−1−808−923−2311
FAX　0063−1−808−926−8004

2月18日チェックイン
2月20日チェックアウト

2月20日　日曜日
ハワイアン航空　343便　ホノルル着　12：25
カウワイ島着　13：02

ホテル　プリンスヴィル・ホテル　(カウワイ島)
TEL　0063−1−808−826−9644
FAX　0063−1−808−826−1166

2月20日　チェックイン
2月23日　チェックアウト

2月23日
ハワイアン航空　140便　カウワイ島発　11：55
ホノルル着　12：24

帰り　2月23日　(日本　2月24日)
ノースウエスト　21　便　ホノルル発　14：30　2月23日
成田着　19：00　2月24日

バカンス日程表

利用する飛行機やホテルなども詳しく記録しておきます。旅行中も覚え書きとして持っていると重宝しますね。

旅行に出かけるときは、まず旅の日程表を作ります。主人も私も両親が高齢になっているので、もしものときに備えて、兄弟やマネジャーに手渡すためです。ホテル代、飛行機代、レンタカー代等をまとめて記録しておくと、次回のときに役に立ちます。前回支払った金額と違っていれば記録をもとに交渉すればいいじゃないですか。気に入った部屋があれば部屋番号も記録しましょう。

パソコンは頭の整理・収納の強い味方！

パソコンを使えると人生楽です。こんな便利なモノを使わないと損しますよ。今私はパソコンを使ってすべて作業し、整理していますが、その昔、十二年前は、マウスすらさわったことがありませんでした。魔法使いのようにキーボードを操る人が羨ましくってヨダレを流して見ていました。そこで「生きていればできないことはない!」精神を奮い立たせた私は、チャレンジすることにしたのです。その甲斐あって、今では楽しんで紙類の整理整頓をパソコンでやっています。

♥こんなことにもパソコンを活用！

年賀状の管理

風水師さんに年賀状はその年の春までに処分することが吉と言われました。幸せづかみに貪欲な私ですから、サッサと住所の確認をして「幸せよ、いらっしゃい」体制をつくっています。

いただいた手紙やハガキ

こちらも年賀状と同様。すべてを保管していたら埋もれてしまいます。だから、送ってくださった人の氏名・住所をパソコンに入れたあとは処分させてもらっています。どうしてもとっておきたいモノだけを花柄のきれいな箱に保管します。箱いっぱいがマックスです。

御中元、御歳暮の管理

贈ってくださった人の名前と品物の内容、こちらからお贈りした品物の内容を記録しておきます。こうしておけばお返しを忘れたり、いただきものと内容がダブるような失礼はありません。

税金、公共料金、家計簿

98～101ページでご紹介したとおりです。お金のことをきちんと管理できない人は、金運が逃げていってしまいますよ。マネープランはしっかりと。

子供の思い出の品

息子の工作の作品など、全部取っておきたいけれどかさばってしまいます。私は作品のひとつ一つをデジカメで撮影し、CD-ROMに入れて管理しています。

主人のPRハガキ

自称「船越英一郎」宣伝部長の私は、放映されるサスペンスなどのお知らせをハガキにして、友人やお世話になった方に郵送したり、ご近所に配ったりしています。

♥ やればできます！　パソコンの配線もスッキリ！

机の上はきれいでも、机の下はパソコンの配線でグチャグチャになっていたりしませんか？　わが家でも苦労しましたが、いまではこんなにスッキリです。やればできるものですよ!

「モノ捨て名人」船越英一郎の現在

わずか五年で急激な進歩を遂げ、モノ捨て名人まで上りつめた夫、船越英一郎は、今度は私のクローゼットを開けていったのです。

そうです。私がやめられない止まらないの世界で、まるで中毒のように彼の不要品をバッサバッサ捨てていったように、今度は夫が……、

「ママ！　この服着てるの見たことないよ！　捨てなさい！」

「待ってよ。今は着ないけど、いつか着るかなと思って……」

「ダメダメ」

と夫はすでに用意していたゴミ袋に押し込んだ。

「この服は形がちょっと古いよ」

「そうなの……肩パッドを取ろうかなと思っていたの……」

「でも少なくとも二年はタンスに眠っていたでしょう……もう捨てなさい！」

夫の手はもう止まらない。トホホ……。

さすが名人！　私がちょっと悩んでいたモノをみごとに言い当てて気持ちよく捨てさせてくれました。教え子のみごとな成長ぶりに目を細める妻でした。

このように人間は生き方を変えられます！

「私はこの生き方しかできません」なんて言ってる場合じゃありませんよ。日々進歩、日々幸せに近づかなくっちゃ。

楽しくないじゃあないですか。

さぁ、私の本を手にとってくださった、あなた！　これは運命のはじまりです。

もうあなたも生き方を変えてください！

絶対幸せになれますから……絶対！

二〇〇五年　十月

松居一代

松居一代（まついかずよ）
女優、エッセイスト。
1957年　滋賀県生まれ。
1979年　「11PM」の司会者として芸能界デビュー。
主な出演映画に
「マルサの女」「肉体の門」「夜逃げ屋本舗パート2」など。
著書に処女作『隆一の凄絶アトピー日記』（主婦の友社）、
他に『アトピーがくれた生きる力』
『欠陥マンション、わが闘争』（共にPHP研究所）がある。
2004年11月には『松居一代の超（スーパー）おそうじ術』
（主婦と生活社）がベストセラーに。
現在は、テレビ、執筆、講演会活動を主に「元気配達人」として
活躍中。また芸能界一の“お掃除名人”として注目を浴びる。
2001年　長男を連れて俳優の船越英一郎氏と再婚。

松居一代の超 整理・収納術

著　者　松居一代
発行者　黒川裕二
発行所　株式会社　主婦と生活社
〒104-8357　東京都中央区京橋3-5-7
編集部　03（3563）5135（代）
販売部　03（3563）5121（代）
振　替　00100-0-36364
印刷所　大日本印刷株式会社
製本所　株式会社明泉堂

ISBN4-391-13090-4　C0077

協力　船越英一郎
装丁・本文デザイン　田代眞紀@GOEST
撮影　高山浩数
イラスト　長嶋八千代
編集協力　（有）オーキャン
編集担当　田中澄人